西洋都市社会史

ドイツ・ヨーロッパ
温故知新の旅

斯波照雄

学文社

まえがき

最初に単著をまとめたのは一九九七年で、『中世ハンザ都市の研究―ドイツ中世都市の社会経済構造と商業―』は学位論文となった。その後二〇一〇年末に二冊目の単著『ハンザ都市とは何か―中近世北ドイツ都市に関する一考察―』を論文集としてまとめ、二〇一五年には授業と講演の内容を中心に授業の参考書兼一般向けの単著『西洋の都市と日本の都市　どこが違うのか―比較都市史入門―』をまとめた。前著『西洋の都市と日本の都市』では、ヨーロッパと日本の都市の相違について都市の成り立ちから現在に至る過程を考え、ヨーロッパの都市と日本の都市の現状に至る過程をできるだけ「客観的」に比較してみたつもりである。同時に、この本では必要であることを認識しながらもなかなか果たせずにいた専門の一般公開、すなわち専門とするドイツ都市史や比較都市史について専門知識をもたない一般読者にもわかりやすく解説するという目的もあった。それは本書でも同様である。

還暦も過ぎ、もうこれでいいかと思っていたが、何度となくヨーロッパに出掛け、実際に各都市で経験し、感心したこと、驚いたこと、学んだことなどについて、特にドイツでいろいろな「発見」をしたことを中心に中央大学の雑誌『中央評論』に書かせていただいた。最初に「ヨーロッパ都市に学ぶ」を掲載していただいたのが二〇一三年一月、個別都市について最初の「ハンブルクに学ぶ」が二〇一四年一月であるから、最初から考えればすでに五年、「連載」させていただいてからでも四年になる。たまたま『中央評論』が年四回発行の季刊であり、ちょうど原稿をまとめる速度、時間が符合していたのも継続できた理由であろう。

いくら『中央評論』に継続して掲載してきたといってもこれだけの期間では、古いものは読む機会がなかったり、個別単独の内容であっても関連した内容を含め全体を読んでみたいと思われる場合には、雑誌掲載だけでは不十分であると思い、無謀にも刊行を志した次第である。これまで書いてきたものを読み返してみると、日常的な出来事の中で、いつのまにかずいぶんといろいろなことを学ばせてもらったものだと思う。そんな学びを少しでも多くの皆さんにも知っていただきたいと思うようになったことも、一書にまとめる誘因になった。まさに「塵も積もれば山となる」である。

前著では都市と関連のあることであっても、都市の歴史的な盛衰等に係わる時代背景など書けなかったことも事実で、本書ではそうしたことも個別都市のことと関連して書いてみた。結果として前著と本書を合わせると、ほぼ授業内容を網羅したものになった。

ヨーロッパ都市で経験したことを思い出しながら書いていくと、各都市での出来事はヨーロッパの人たちにとって何でもない普通の小さな出来事と思われることでも、日本人から見ると驚くようなことばかりであった。当初はそうした驚いたり、感心したりしたことを中心に書き始めたが、次第にヨーロッパの都市に滞在していた時に思い出したこと、考えたことなどをも書きたくなってきた。それは授業で話している内容に結びついたことであることも多く、しかも前書では書けなかったことを補うようなものであったからであった。

まえがき

最初に『中央評論』に書いた「ヨーロッパ都市に学ぶ」は、中央大学商学部内の専門を超えた総合講座「ドイツの素顔」から「ヨーロッパの素顔」へと展開した講義内容を受ける形で掲載されたものであった。本書においても、その一部を「ヨーロッパ都市に学ぶ」として最後の締めくくりとして掲載させていただいた。そのあとしばらくの休止期間があったが、ヨーロッパ特にドイツの都市で遭遇したことやヨーロッパで印象に残ったことなどを、率直に今度は「主観的」に書いてみた。論理的根拠をもって論を進めていく学術論文を書いてきた者にとって、個人的に感じたことや思いを書くのは少し恥ずかしい気もしたが、むしろこうしたことにこそ形には表れない西洋の都市と日本の都市の相違、そこに生活する市民意識の相違、さらには西洋文化と日本文化の相違や特徴が鮮明になるのではないかと思い直した。そんな思いから『中央評論』のアラカルトに、都市としてはまず最近特に興味を持っているハンブルクから「学ぶ」シリーズを書き始めた。ヨーロッパの都市で感じた断片的な内容であっても、それはヨーロッパ自体やその都市が歩んできた歴史的道のりと関連が深いことが多い。それを知ることによって、読者にとってヨーロッパの都市がより分かりやすくなるのではないかと思ったのである。対象都市も北はノルウェー、西はポルトガル、南はイタリア、東はポーランドにまで広がった。

日本に住み、生活する日本人がヨーロッパに行かなかったら考えもしなかったであろうヨーロッパの主に都市で経験した昔のことを思い出しつつ書いてきた。ヨーロッパ都市に学ぶことばかり書いてきたようにも思われるかもしれないが、筆者はヨーロッパやその都市、市民だけが優れているなどという気は全くない。むしろヨーロッパの人たちに学んでほしい日本の素晴らしさもたくさんある。そうしたことをあまり本書に盛り込むことができなかったことは残念であるが、御寛恕いただきたい。

本書の読み方は自由である。最初から読まなくとも興味ある都市から読み始めていただくのも歓迎である。というのも、本書は一つの問題提起に対し、各章で順を追って論を展開し、結論に導くという性格のものではないからである。それぞれの都市についての記述は独立したものであり、前章を読まなければ内容が理解できないというようなことはあまりないと思う。むしろ、もしそうした「つまみ読み」の結果、ヨーロッパ都市に興味をもっていただけたり、もう少し他都市についても読んでみようなどと思っていただけたなら望外の喜びである。やはりヨーロッパと日本は社会も都市も違う。そんなことを漠然とでも感じていただけたなら嬉しく思う。

以上のように本書は、それぞれの都市での出来事が中心で、それぞれの都市についての内容に連続性はないが、もう一つの本書の読み方として、各都市のことではなく、特にヨーロッパ都市編では、内容に含まれる歴史的な内容を時間を追って読み進むという読み方もあるように思う。トリアでは西欧の古代から中世への移行について、フィレンツェではルネサンス人による時代区分論から発展段階説の展開について触れ、中世イタリアの都市と地中海商業や大商人の金融業について述べた。アムステルダムでは価格革命、オランダ独立、イギリスの台頭について触れた。リヴァプールでは荘園制の成立と農村から見た封建制の崩壊そして世界最初の現場からの産業革命について、パリでは市民革命の意義とフランス革命のもたらしたフランスへの影響や、遅れたドイツの経済を先進的なイギリスの進出から守ろうとしたドイツ歴史学派経済学者の主張を紹介した。ポルトガルのリスボンでは逆にこれに対抗した比較優位論についても簡単に説明した。

これを例えばトリアからは西欧現代都市のルーツを探り、フィレンツェ、リヴァプールからは中世の都市と農村を読み、アムステルダムにおける世界の覇権国家の変遷とヨーロッパ近代への道筋、そしてパリのフランス革命を通じてヨーロッパで近代資本主義社会が成立する道筋を読む。都市史から見た「もう一つのヨーロッパ史」といったところであろうか。出来事やその評価が時系列に書かれている歴史関連の教科書や参考書を読もうとするとなかなか興味が湧かず敬遠されたり、読み進むこと自体が苦痛とすら思えることがあるようにも思うが、各都市の歴史と関連して気楽に「ヨーロッパ史」を読むと存外頭に残るような気もする。こんな読み方もあるように思うのであるが、いかがであろうか。たまたま私の授業を聞いてくれた学生が、そういえばそんなことが書いてあったと思ってもらえれば嬉しいことである。このような思いから本書では時代を追って歴史事象を読み解く順序を示したもう一つの目次を用意させていただいた。参考にしていただければ幸いである。

最後まで難航したのが書名であった。内容に即してもう少し「やわらかい」候補をいくつか挙げてもみたが、どれもぴったりと思えるものがなく『西洋都市社会史』にした。この書名はいかにも学術的名称で、本書のタイトルとして似合わないとも思ったが、西洋の都市で、都市社会の動向に深くかかわる歴史的なことを学び、考えたという意味であり、副題でその内容を示し補ったつもりである。やさしそうな書名なのに、内容は難解という本もある。その逆の「大学の専門書のような書名であったが、「やさしく読めた」と感じていただきたいというのもこの書名に行き着いた理由の一つである。
何はともあれ、まずはどこからでも気楽に読み始めていただきたい。

斯波　照雄

二〇一七年十二月十日

目　次

目　次

第二部　ヨーロッパ都市編

歴史事象順目次（冒頭の数字は本文中の章番号）

第一部

ドイツ都市編

キール③
①
ハンブルク
②リューベック
④
メルン
⑤
リューネブルク
⑥ヴィスマール
⑥
ロストク
⑥
シュトラールズント
⑤
ブラウンシュヴァイク
⑦ フランクフルト・
アム・マイン
⑨ トリア
⑧
ミュンヘン

第一章　北ドイツの大都市ハンブルク

はじめに――ハンブルクという都市

　私のもともとの専門は中近世に北ドイツで展開した、いわゆる「ハンザ同盟」を構成する都市の経済構造の比較研究という西洋中近世の比較都市史研究であった。しかし、最近ではその中の一都市ハンブルクが、首都でもないのに大都市に成長できたのは何故なのかという素朴な疑問の答え探しにはまっている。

　ハンバーグステーキやハンバーガーを知らない人はいないが、その由来はあまり知られていない。ハンバーグはドイツ語のハンブルクの英語読みであり、ハンバーグステーキはハンブルクのタルタル・ステーキに由来するという説が有力ではあるが明らかではない。料理の源流も不確かであるが、同時に大都市でありながらわが国では都市ハンブルクについてもあまり知られていないように思われる。

　北ドイツのハンブルクは正式には自由ハンザ都市ハンブルクと称し、その起源は、カール大帝の時代にまでさかのぼるといわれるが、現在の都市の原点は十三世紀の都市建設に始まる。エルベ河という大河川の河口まで約一〇〇キロメートルの地点に位置し、内陸と北海を結ぶ玄関口としてエルベ河奥地に膨大な後背地を有するなどの好条件に恵まれ、政治的に中立な自由貿易港だったが、そうした好立地だけで発展できるものでもなかろう。中世においては、大規模都市の部類に属すとはいえ、人口一五、〇〇〇人ほどの人口であった都市ハンブルクが現在一七四万人、商圏人口三〇〇万人のドイツではベルリンに次ぐ第二の人口をもつ大都市に成長できたのは何故なのか。その発展には立地条件だけでない「何か」がプラスされているように思われるのである。

都市経済の停滞の中でどのようにしたら都市の発展、繁栄が可能なのか、わが国の地方都市の中には思案しているところも少なくないように思われる。そのヒントがハンブルクの発展に見出せるのではなかろうか。

ブラームスとメンデルスゾーンのふるさと

ハンブルクは著名な音楽家ブラームスやメンデルスゾーンの生まれ故郷でもある。その後、ブラームスはウイーンで、メンデルスゾーンはライプツィヒのゲヴァントハウス管弦楽団の指揮者として名声をはせた。ブラームスの希望は故郷ハンブルクの交響楽団の常任指揮者であったが、その希望は叶えられず、彼はハンブルクを去った。ハンブルク側からの六十歳を過ぎてからの招聘にはブラームスが応じなかった。ブラームスはその後ハンブルク市より名誉市民の称号を受け、現在十八世紀の街並みを保存したペーター通りに記念館がある。しかし、「ハンザ同盟」の商館があったノルウェーのベルゲンでは郊外のグリークの生家が観光スポットとなっているのに対し、ハンブルクではこうした著名音楽家の故郷でありながら、必ずしもそれを生かしきれていないように思われる。音楽に関連していえば、有名なピアノメーカーのスタインウェイの生産拠点もあるが、その存在すら知らない人が多いであろうし、一般旅行客の観光対象とはなりにくいのは仕方がないであろう。

特産物のない都市―地域ブランド商品の育成

ハンブルクの特産物は、と聞かれてもすぐに思い当たるものがない。ハンバーグステーキが名物というわけではないし、コンビーフ状の肉とジャガイモや玉葱をまぜたラプスカウスという料理や、うなぎのスープなど名物料理はあるが、訪れたらどうしても食べてみたいと思うほどのものではない。今では近隣のブレーメン産のビールの方が有名であるが、実は、昔のハンブルクは美味しいビールの産地であった。市では、中世には生水を飲めない北ヨーロッパにおいて生活上欠くことのできないビール、しかも良質のビールを市内で大量に生産して外地で販売していたのである。当時ビールはどの都市でも生産されていたし、生産施設の充実度も様々であり、生産されたビールの品質も醸造所やそれぞれの醸造時によって異なり、需要に対応した生産量というわけでもなかった。しかるにハンブルクでは、十五世紀に、一定の設備を備えた醸造所での生産に限定し、品質の維持・均質化が行われ、需要に対応した生産調整によって無駄を減らし、安価で質の良いビールを生産するようになった。それによってハンブルクビールは他都市産ビールとの競争に勝利し、同時に、そうした自市産輸出品は帰り荷として外地での商品の輸入を行うなど、貿易を活発にさせ、経済力を増強したのである。外地でビールを売ろうとすれば、諸外国を知る必要があるし、そうした地から訪れる商人たちにもやさしく、親切でなければならない。そうした努力が、広範な国や地域と密接な貿易関係を結んでの経済活動の展開へと繋がったのであろう。

ハンブルクのビール産業は、長年にわたって規定通りの質のビールを限られた量生産し続けた結果、周辺で新技術を取り入れて自由に生産されるビールに敗北していったが、その代わり、その流通網が生かされ、ハンブルクは植民地物産の集散地としてめざましい発展を遂げたのであった。

観光資源の少ない都市

ハンブルクはアルスター湖畔のまちであり、ヨーロッパの都市の多くがそうであるように、周辺には自然も多く残っている。日本の大都市では考えられないほどに身近で、夏はヨットやカヌー、水遊び、冬はスケートが楽しめるまちでもある。アルスター湖の周辺では市民が毎日ランニングを楽しんでいる。生活するには良いまちといえよう。

ハンブルクは第二次大戦で灰燼に帰したとはいえ、自然環境以外の観光資源がないわけではない。歴史的建造物としては、一八四二年のハンブルク大火の後、当時のお金で一一〇〇万マルクを投じて建設されたという美しい市庁舎は、現在一市一州を成すハンブルクの州議会の議事堂でもある。その中央の塔の高さは一一二メートル、建物の幅は一一〇メートル、部屋数は六七四室にもおよぶ壮大なものである。そのほかにも、音楽家ブラームスが洗礼を受けた聖ミヒャエル教会、旧商工組合福祉住宅などがある。旧商工組合福祉住宅にはハンブルクの名産品として紅茶が売られているが、植民地物産の集散地として繁栄した名残であろう。

市には立派な美術館もある。しかし、イタリアのフィレンツェのメディチ家のような有力貴族が居住していたわけではない。それどころか、貴族自体が住んではいなかった。市民のまちであったから、名門家が代々収集したような美術品、工芸品の美術館や館などがあるわけではない。もちろん、寄せ集めではあっても、各有力市民それぞれがその興味にしたがって収集した美術品等にも魅力はあるし、市立美術館の水準は高いが、遠方から市を訪ねる目的になるほどのものではない。奪った金品を貧しい人たちに分け与えた日本の鼠小僧のような義賊、伝説の海賊ステルテベカーのものといわれる大釘のささった頭蓋骨や帆船の精密なモデルなどが陳列された歴史博物館もある。倉庫街には今は不要となった広い空間を生かした膨大なジオラマにマニアや子供が喜ぶ鉄道モデルの走るミニチュアワンダーランドなどもあるが、市内観光は一日、多くとも二日あれば十分である。市の観光案内書を見ると、四泊五日のプランを提案しているが、このプランでは、市に到着後、翌日に市内観光のあと、三日目はブレーメン、シュターデ、四日目はリューベック、シュヴェリンを、五日目にはリューネブルク、ツェレというように、市の周辺都市への観光の基地としてハンブルクを位置づけている。市の観光資源だけでは、観光客の滞在期間は短時間となってしまうからであり、周辺都市と共存共栄をはかっているとも考えられよう。

おわりに

ハンブルクが大都市になれたのには、立地条件や政治的に中立な自由港であったことなどの要素が

写真 1-1　ハンブルクの美しい市庁舎と筆者

写真 1-2　旧商工組合福祉住宅

大きいと思われるが、いろいろな知恵、努力が市の繁栄には不可欠であったように思われる。自然豊かな居住地としての良さはあり、市には著名な音楽家の記念館もあるが、観光資源の少ない、特産物のない都市であり、必ずしも、外部の人たちが魅力を感じ、多くの観光客を引き付ける都市ではないように思われる。ここには反省や改善の必要も感じられる。しかし、かつてどこにでもある当たり前のビールを特産物に育てあげたハンブルクは、限られた観光資源しかないものの、現在では周辺観光地の中心としての価値をアッピールしている。

ビール生産は十八世紀に入ってローカルなものとなったが、それはどんなに繁栄した産業でも常に改善の努力を続けないと結局は敗北に至ることを教えてくれる。しかし、ビールと関連して展開してきた流通網は植民地物産の集散地、貿易拠点として経済力を強化するのに重要な役割を果たしたと思われる。その根底

写真 1-3　ハンブルク大学図書館

写真 1-4　大人気のジオラマテーマパーク、ミニチュアワンダーランド

には、外地からの訪問者へのやさしさや思いやる気持ちが息づいているように思われる。一市で一州を成すハンブルクの市立大学の図書館は、大学付属図書館であって、市民も外来者も利用できる市立図書館でもある。外国人であっても、図書の閲覧もコピーも自由であるし、パスポートさえ示せば書庫から本を出してきてもくれる。学術文献がほとんどとはいえ、ハンブルク市ならびに周辺州に関する政治、経済、社会、文化などの書籍、雑誌類が置かれた部屋が設けられ、助手も常駐していて、市について、知りたいこと、調べたい内容を話すとそれを調べるのに必要な文献を示してくれる。ここにも市民サーヴィスというだけでなく外来者への思いやりを感じるような気がする。

近年においては鉄道マニアが個人の趣味で手作りで始めた小さなジオラマが今やミニチュアワンダーランドとしてマニアや子供たちだけでなく大人も、そして世界中から観光客を引き寄せてもいる。それらこそが冒頭で述べた「何か」であり、そこには大金を投入してハコモノの充実だけに頼るのではない、まちの発展の可能性が示されているように思えるのである。

昨今のわが国において、これといった特産物のない、観光資源の少ない都市の多くが経済的に停滞し、その打開策に苦慮しているように思われる。ハンブルクは、そうした都市にも発展の可能性があることを示してはいないであろうか。

第二章　ハンザ都市リューベック

はじめに

ドイツというと、まず頭に浮かぶのはロマンチック街道やノイシュヴァンシュタイン城などの歴史的な観光地とか、ミュンヘンのオクトーバーフェストやニュールンベルクのクリスマス市といったイベントなど南ドイツの方が多いように思う。南ドイツの山岳地帯は自然環境にも優れている。

観光といえばそこには名物料理が伴うものだが、一般にドイツ料理というとバイエルン料理であり、北ドイツの料理にはフリーセン料理もあるが、ローカルな料理と受け取られることが多いように思われる。この点でも筆者が研究対象とする北ドイツよりも南ドイツの方が勝っている。しかし、観光資源に優れた都市ならば北ドイツにもある。その代表格がハンザ都市リューベックといえよう。そのリューベックを例に市民と観光について日本との違いを考えてみたい。

歴史的な観光都市リューベック

北ドイツのシュレスヴィヒ・ホルシュタイン州の都市リューベックは、バルト海にそそぐトラーフェ河河口の中洲にあり、大都市ハンブルクの北東約五十キロメートルに位置している。一一四三年に建設されたといわれ、中世にはいわゆる「ハンザ同盟」の盟主都市として繁栄した歴史的な都市である。十三世紀に建設された美しい市庁舎やレンガ造りではドイツ最大級といわれ、十八世紀にはバッハも訪れたことのある聖マリア教会など歴史遺産を有するこの都市には毎年多くの観光客が訪れる。十五世紀後半に建設された独特の市門ホルステン門は旧西ドイツ＝ドイツ連邦共和国の五十マルク紙幣に印刷されていたほどの有名な門である。この市門は、イタリアのピサの斜塔のように傾いていることを売りにしているわけではないが、市の中心から見て外側に傾いている珍しい門でもある。ホルステン門を横から見て手前の標識と見比べると、門が傾いているのがわかるであろう。川中島の地盤のよくないところ

写真2－1　リューベックのホルステン門

写真２－２　ホルステン門脇にある塩倉庫

に外部からの攻撃を想定し、市外側の壁だけを厚くした門を建設した結果傾いてしまったという。近隣には塩倉庫が並び――リューベックの大商人は中世には市の南七十キロメートルに位置するリューネブルクの塩を独占的にバルト海沿岸地方に供給し大儲けをした。このことについては第五章を御参照下さい――、その脇の坂道グロース・ペータース・グルーベはゴシック様式や、バロック様式、ネオクラシック様式などの時代とともに変化した建物の陳列館のようでもある。ちなみに、これらの建物はリューベック音楽大学として使われており、春には音楽祭ブラームス・フェスティヴァルも開催されている。

それ以外にも中世以来の建造物としては船員組合会館や救貧院施療院もある。ドイツの有名な小説家トーマス・マンはリューベックの有力な穀物商の旧家に生まれ、自らの一族をモデルとして彼の生きた時代を背景とした小説『ブッデンブローク家の人々』を書いて

写真2-3　ニーダーエガー菓子店舗内

いるが、市内にはその舞台となった祖父母の家ブッデンブロークハウスもある。とにかく市内全体が中世のたたずまいを維持しており、中世の博物館のようである。もちろん、第二次世界大戦で一部は破壊された後の再建ではあるが、一九九八年にはユネスコの世界遺産として登録もされている。

都市リューベックの特産物

ドイツにはロマンチック街道のローテンブルクやハンブルク郊外のシュターデ、ハルツのヴェルニゲローデなど中世からそのまま現在に移行したような小さな「まち」はほかにも多いが、見て回るにはこぢんまりしすぎている場合も少なくない。その点でもリューベックは、のんびり観光して歩くには最適な大きさのまちの一つであろう。お土産にはニーダーエガーというブランドの北ドイツの代表的名物の菓子もある。アーモンドと砂糖で作った甘いマルチパンを用いたチョコレート菓子である。また、ブドウが採れずワインの産地ではないリューベックだが、ロート・シュポンと呼ばれる赤ワインも有名である。昔、塩をフランスに送った帰り荷として、船のバラスト代わりに同じ樽にワインを詰めて持ち帰り、地下の蔵に放置しておいたところ、偶然にも湿気と塩が程よくミックスしてまろやかでコクのある美味しいワインができたという。それを十九世紀初頭にリューベックに進駐したナポレオン軍の兵士が偶然発見し、飲んでみると赤ワインに塩味がミックスして美味であったというので、それが名物になったのである。

写真 2-4 「ロート・シュポン」のボトル

市民のまちへの誇り

商工業の発展や人口の増大をもって都市としての経済的発展というならば、中世には人口二万五千人で当時の大都市であったとはいえ、現在のリューベックは人口二十一万人ほどの中都市にとどまっており、ハンブルクのようには商工業も発展していない。中世都市の中で著しい発展を遂げた都市とはいえないであろう。

しかし、前述のように観光資源は豊富であり、観光収入は市の経済に大きなウエートを占めるであろう。そうであるとすればもっと多くの観光客を集め、宿泊客を増やして消費の拡大をと考えるのも自然なことであろう。しかし、旧市街には大量の観光客が宿泊できるような近代的なコンクリート造りのホテルは存在しない。市内中心部の居住空間や事務所等の業務を行う空間が限られていても、新たな容積率の高い建物は作られていない。それらは観光客にも市民にも不便さを感じさせることであろう。それにもかかわらず、歴史的な環境が維持されているのは、市当局による法的規制により制限されているからであるとしても、市民がその規制を支持しているからである。

中世都市としての歴史的な環境を壊さないことによって、伝統あるまちを愛する市民も育つようにも思う。それどころか、住民が住むまちに誇りをもち、好きになってくれるようでなければ、外から人は呼べないと考えるのがドイツ流のようである。市当局等による内外への観光宣伝は重要であろうが、それ以上に市民による素朴な「リューベックはこんなに素晴らしい」というまちへの思いが発信力となって、外部への強力な宣伝力になるというのである。

日本でも例えば岡山県倉敷市の美観地区のように、地区が丸ごと昔にタイムスリップしたかのように見える都市内地域もないわけではないが、少し大きな都市であれば、近代的な建物が混在していたり、隣接していたりするのが普通である。せっかくの立派な歴史的庭園の借景がビルであったりするのは笑えない現実である。

便利さと個性

市民にとって良好な居住性を維持し業務を行う場所を確保しつつ、まちの美観も維持する方法を考えることは難しそうに見えるが、それらの両立は市民がほんの少し不便さを我慢するだけで実現できるとドイツ人は考えるようである。すなわち、市民が市壁内に住める空間は少ないから、その外延部に住宅や容積率の大きな事務所ビルなどを集中的に上手に配するのである。確かに、近いといってもまちでの仕事には多少の不便さが生ずる。観光客だって旧市街に大きなホテルがあれば便利には違いない。

日本では年中無休のコンビニがあたりまえだが、ドイツにはそれがない。日曜日は空港や中央駅などを除き、百貨店から商店まで休業する。開いているのは飲食店などだけである。生活していれば土日に調味料を切らすなど、突然必要なものができたりするものである。そうした時にはコンビニは便利である。しかし、ドイツでは多少の不便さはむしろ当たり前のことなのであり、多くのヨーロッパの歴史ある都市ではそうした我慢のもとに市民生活が成り立っている。

しかし、考えてみれば、観光客誘致という点から考えてみても、便利でありさえすれば、多くの客を集められるわけではない。交通便が悪く時代の流れから取り残されたような秘湯の温泉宿であっても多くの客が訪れ、尾道のように狭い坂道こそが観光スポットであり、昔から変わらぬ風景の中を散策して歩く、車では観光できないような都市でも集客力はある。便利さが、近代的なことの象徴のようにいわれ、便利さばかりが優先されるというのはいかがなものであろうか。

おわりに

日本だけでなくドイツにおいても、都市を丸ごと保存するのはいろいろな意味で限界があろう。国の経済的支援があったとしても、どの程度まで歴史的な個性を維持できるのか、やはり、それにはそこに住む人たちの「自分たちのまち」という意識が大切であるように思うのである。ドイツだけでなくヨーロッパの中世以来の都市では、先祖たちが命がけで守ってきた自由で安全な空間を市民の義務として守りぬこうとする自覚と我慢、本当の意味での市民意識が息づいているから都市の個性、旧中心市街地の景観を維持できたように思うのである。金沢市のように、小学校を単位とした地域、校区という地域住民のまとまりと結束、それを基盤とした市の施策とによって歴史的なまちの外観維持を進展させた都市もあるが、むしろ成功している珍しい事例に入るであろう。しかも、こうしたまちは日本では外来者を容易に受け入れない閉鎖的なまちといわれたりもするのである。

ドイツをはじめヨーロッパでは、自分の住むまちを心から愛する市民の我慢と努力によって、まちの個性が維持され、個性的なまちを愛する市民も育ってきたともいえよう。便利さにすっかり慣れてしまった、「便利でありさえすれば人は集まる」という「神話」が信じられている日本において、やはり市民意識の高揚と個性的な都市の維持は難しいことなのであろうか。

第三章　ドイツの軍港都市キール

はじめに

もう今から三十年以上前、ドイツの大学に初めて出かけたのがキール大学であった。三カ月という短い期間であったが、毎日の図書館での書物との格闘は今も懐かしく思い出される。キール大学は一六六五年に創設された大学で、正式名称を創設者の名を付してクリスチャン・アルプレヒト・ウニベルジテート・ツウ・キールといい、哲学、法学、経済学、教育学、神学、数学、医学、農学、工学などの学部で構成されたドイツ最北の総合大学である。当時キール大学は、旧西ドイツの最東端にあり、旧東ドイツと対峙する最前線という地理的条件もあって、東欧経済や東欧地域に関する研究が盛んで、資料も充実していた。筆者の研究対象が、旧東ドイツの北側を含んだ地域であったため、研究環境としては最善のように思われた。しかし、行ってみると実際には都市として、大学として不都合な部分もあった。しかもそれは、現在の日本の都市や大学への問題提起になるようにも思えたのである。

キール事情

現在、キール市はシュレスヴィヒ・ホルシュタイン州の州都で、ドイツからデンマークに向かって北に延びたユトラント半島の東側、すなわちバルト海側の付け根にあり、ハンブルクから北に約九〇キロメートルに位置する人口約二十四万人の造船業が盛んな州内最大の都市である。歴史的にはハンザ都市であり、一九一八年にこの都市で勃発した水兵の反乱がドイツ革命に至り、ドイツ帝国は崩壊し、第一次世界大戦が終焉したことでも有名である。

空路フランクフルトに到着したのが夕方だったので、フランクフルトで一泊して、翌朝列車でハンブルク経由でキール中央駅に行った。着いたのは夕方であったように思う。キール中央駅に着いて、駅近くのビジネスホテルに宿泊することになったが、まず宿代が高いのに驚かされた。三十年以上前とはいえ部屋には風呂はもちろんシャワーさえもついていない。共同のシャワーを有料で使用しなくてはならない。そんな部屋でも結構な金額であった。「郷に入っては郷に従え」という

写真３-１　キール大学旧本部

写真３-２　キール市庁舎

訳で、その点は仕方がないと納得して、到着した翌日大学に出かけた。大学までは中央駅の駅前からバスで三十分程はかかる。大学は医学部や付属病院など一部の学部、機関を除き中心部からはるか離れたまちはずれに移転していたのであった。大学内のことは次で述べることにして、大学での文献調査の合間を見て出かけた市街の様子を紹介したい。

キールはもともとドイツ海軍の軍港都市で、住宅地を含め市街は湾を囲むように形成されている。キール大学の先生の中には、対岸の住居から車で湾を周回して対岸の大学に通うよりも湾を横切る船の方が早いといって船で通勤されている先生もいらした。

近代の軍港都市といっても、中世以来の都市であるから、第二次世界大戦後の再建とはいえ歴史的な建造物として市庁舎、市場、教会などの観光スポットはある。しかし、キールでの観光といえばむしろ湾内観光であろう。観光船は日本の横須賀と同様に、停泊している軍艦や潜水艦などの説明をしながら湾内をめぐっていく。その船がわずかに湾外に出ると、そこはドイツ国外ということでタバコなど高課税の商品が非課税扱いになる。なぜこんなに地元の人と思しき人たちが乗船するのか不思議に思っていたが、それで謎が解けた。余談ではあるが、もう一つ不思議に思ったのはキール市内中心部を走る路面電車の扉がバスのように片側の側面にしかなく、運転台も進行方向にしかなかったことである。それまで電車といえば左右両側に扉があり、前後に運転台があって終点に着けば逆方向に走るものと思っていたからである。終点まで乗って電車がぐるっと回って反対側の線路に戻ってくるのを最初に確認したのもキールのまちであった。

まちの中心部にはドイツの多くの都市と同様に小さいながらも百貨店があり、中心市街地から駅にかけての地域はそれなりの賑わいがあった。しかし、大学を郊外に移転したことは、若者の市内での消費を抑制する結果になったようにも思える。住宅政策があまりうまくいかず、当時でも劣悪な住宅

写真３－３　市内中心部を走る路面電車
扉は片側にしかない

写真３－４　約30年前のキール市内中心部

環境の中で生活している市民も少なくなかったから、日本の場合と同様に、大学を外に出して、跡地を含む中心市街地の再開発を行い、移転先までの地域を住宅地とし、住宅の供給を増加する政策であったとすればやむを得ないことかもしれないが、まちの活気は今一つであったように思う。

観光都市ではなく、交通上も便利とはいえないキールであったから、当時は日本人はおろか東洋人が少なかった。大学内でも日本人のような風貌の人を見かけるとどちらからともなく話はするが、ドイツ語で会話を交わしているとどこの国の人かわからず、日本人だとばっかり思っていたら台湾の人だったという経験もした。しかし、それでも日本人の居住者、滞在者はいた。大学関係の留学生や研究者に加え、地元のオーケストラの団員など音楽関係者が多いと聞いた。日本人会のようなものもあり、その会員同士で日本の雑誌を回し読みしたり、日本の情報を交換したりしているという話であった。今日のように、瞬時に世界中の情報が飛び交う時代ではなかったのである。もちろんキール中央駅構内の公衆電話を使えば、ちょうど今の日本の五百円玉のような五マルク硬貨で約一分ぐらいは日本と話ができたように思う。一九八〇年代初め頃の日本では国際電話は日常的に利用されるようなものではなく、まだ特別なものであったから、こうも簡単に気楽に国際電話がかけられるものかと感心もしたが、考えてみれば川向うは外国というヨーロッパの環境ではそれは当たり前のことであったのかもしれない。このように国を超えた情報伝達が普及していても、日本の情報はキールでは隔絶されたものであったのである。

キール大学事情

キール大学は統合移転ということもあり、建物は合理的に配され、図書館も立派なものであった。図書館の書庫は開架方式ではなく、当時では最先端を行くコンピューター管理で、書名を書き込んだ用紙を渡せば、すぐにカウンターに提供された。開館時間も長く、利用には便利なように思えた。しかし、閉架式の図書館では本を気軽に手にとってみることはできないし、探していた本とは異なる本との偶然の出会いはない。いくら開館時間が長くても、車を運転しての通学ならともかく、バスは早い時間になくなってしまう。とても歩ける距離ではない。

小銭を用意しての書籍の大量コピーも一苦労であった。機械は日本製であったが、故障が多く、修理されるまではひたすら文献探しとその読みに費やし、直るとコピーを再開した。しかもコピーできても、一部がかすれてしまうなどの不具合はしょっちゅうおこった。今のようにきれいに複写できな

写真３－５　キール大学中央図書館

くとも、当時書籍をコピーできることが、外国で勉強された先輩方には隔世の感があったようである。「我々の頃には重要と思われる書物は筆写したり、要約したりして、ノートを作り、それが勉強になった」などと言われたものである。現在授業で板書した内容をスマートフォンで撮影し、記録しているのを見て「我々の頃は一生懸命ノートをとったものだ」というのと類似しているのかもしれない。

当時、ドイツで発刊された古い文献や大学の紀要、特に旧東ドイツ論文は、日本で読めるものは限られていたから、大量にコピーし、段ボールに詰めて船便で日本に送った。今のように多様な輸送方法はなく、郵便局ドイチェ・ポストから航空便か船便で送ることしかできなかった。航空便は重い荷物を送るには高額で、シベリア経由か中東経由の船便が一般的であった。ただ、船便のどちらのコースもとにかく時間がかかり、荷物が時々なくなるという難点があり、結局その時にコピーして日本に送った荷物のうち一個は届かなかった。保険をかけたところで、コピーなど筆者には価値があっても、所詮コピーは紙切れにすぎない。紙の価値を保証してもらっても意味がない。

そのほかにキール大学での印象として素晴らしいと感じたものの一つに学生食堂があった。日替わり定食は、とにかく日本で食べるよりも安くてボリュームがあったし、デザートまでついていた。大学の周りには何もなかったから、昼食は大学の食堂を利用するしかなかったが、仕方なく利用しているというより、当時は楽しんで食事ができた。当時の日本の多くの学食が安価ではあったが、おなかを満たすことが主目的であったのとは大違いであるように思った。

おわりに

大学の都市周辺部への移転による都市の平面的拡大が目指されたケースは日本にもたくさんあった。日本でいえば群馬大学や金沢大学などの事例がそれにあたるであろう。学生は通学に不便であったが、次第に大学周辺に建物が増加し、主要道路沿いを中心に市街地が平面的に拡大した。しかし、自宅から通う教職員や学生にとって距離はさほど遠くなくても、マイカー通勤、通学をしない限り、大学にいる時間が制約される。

こうした環境では、学生たちはいったん大学に出かければ、通常授業の合間にまちに出ることはできないから、彼らの中心市街地での消費は低下する。したがって、大学などを郊外に移転することが都市の発展に寄与するとは一概にはいえないであろう。むしろ、中心市街地にとってはマイナス要因にすらなっている。

最先端を行くような最新技術を駆使した図書館であっても、そこには失われる機能も存在した。なにごとも近代化は望ましいものと受け取られがちだが、そうとばかりは限らないことを示してくれているようにも思われた。

大学を都市郊外に移転して、最新施設のキャンパスを作ることは、都市や大学の発展につながるようにも見えるが、大学移転には少なくともマイナス要因があることをしっかりと認識し、移転後には早急に対応を検討する必要がありそうである。

第四章　北ドイツの小都市メルン

はじめに

二〇〇二年にハンブルク大学に出かけた折、中世文学の舞台となり、中世には悲惨な経験をした都市メルンに日帰り旅行をしたことがあった。五月から一〇月までの間の日曜祝日には湖に囲まれたこの風光明媚な都市や周辺を巡る観光バスが一日四本運行されていたが、訪れたのがたまたま時間の空いた五月の平日であったので、鉄道でリューベック経由で出かけ、少し遠回りをして一周するようにラウエンブルク、リューネブルク経由でハンブルクに戻った。車窓は牧草地もあれば、時には森林地帯もあり、また菜種油を取るために栽培されている西洋アブラナの黄色で染め抜かれた畑が鮮やかであったし、場所によっては短冊形の耕地を目にすることもできた。ちなみに地上で見ているとあまり気にも留めないが、かつては飛行機の離着陸時に上空から眺めてみると、ドイツの畑は短冊形の細長い耕地であることが多かった。これは中世から家畜を利用して耕作してきた名残であるという。家畜に犂を引かせるなら正方形に近い形の耕地内を何度もターンをして行き来するより一直線に耕し戻ってくる方が合理的であるというのである。近年では日本の田畑を大きくしたような長方形の耕地が増えたように思うが、広い耕地に残ったトラクターの耕作した跡を見ると、短冊形の農地の方が耕作上都合がよいのではないかと思ったりもした。

駅によっては、駅前に無造作に荒縄でくくられた巨大な白アスパラガスが無造作に置かれていたりもした。旬の白アスパラガスをオランデーズソースでいただくと絶品であり、白ワインにもよくあった。ただし、あとで知ったことだが、大量のバターと卵を使うこの高カロリーのソースは筆者のような高年齢者の体にはあまりよくないらしい。

五月の晴れた日の都市メルンへの日帰り小旅行のことについて簡単に紹介しながら、この都市を訪れた折に経験した心温まる出来事を紹介したい。

メルンという都市

メルン市はシュレスヴィヒ・ホルシュタイン州の人口二万人に満たない小都市である。ハンブルクの東北東四十キロメートル余に位置し、列車ならばハンブルクからリューベック経由で約一時間二〇分、リューネブルク経由で一時間半ほどのところにある。鉄道の駅舎はあるものの無人駅で、駅前からリューベック方向に徒歩で十分ほどのところに湖に突き出したように市の中心があり、聖ニコライ教会がある。車窓から湖の先に見えるまちの外観は中世からの姿をそのまま維持しているような美しさであった。普段は静かなまちであるが、二〇一五年八月にリューベックを訪れた際に再訪した時には、ちょうど中世の有名な民衆本の主人公にちなんだ「オイレンシュピーゲル祭り」の時期で、旧市庁舎前には特設の舞台が設定され、夏の観光シーズンということもあって多くの観光客が訪れまちは賑わいを見せていた。

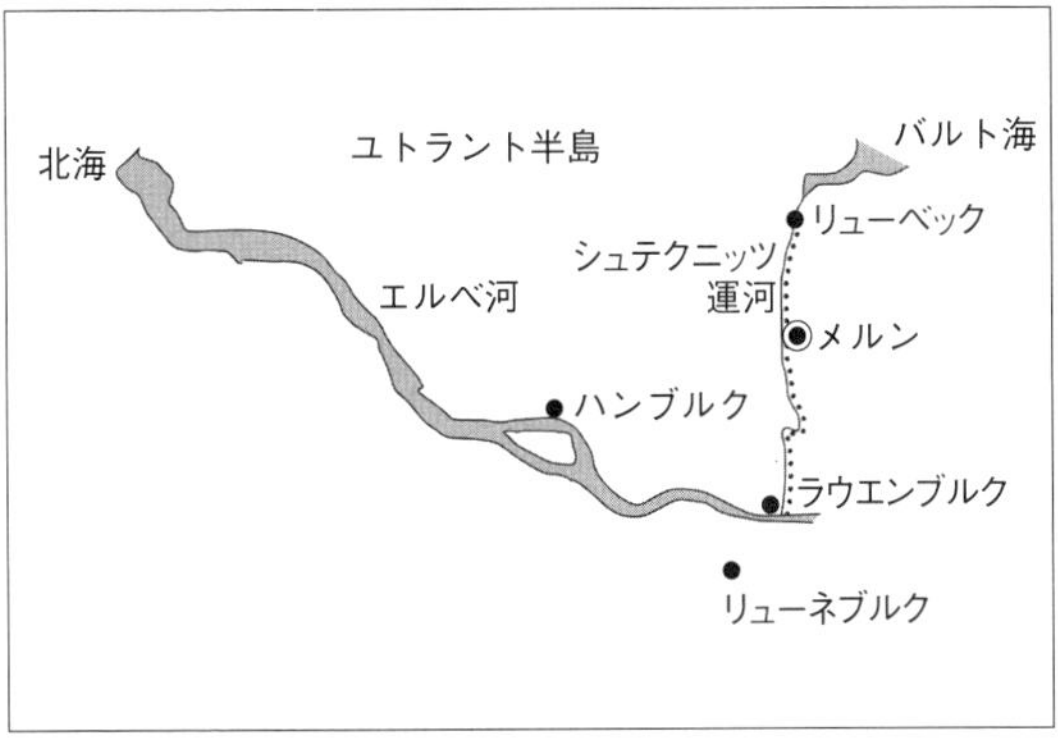

図 4－1　メルン地図

写真 4－1　オイレンシュピーゲル祭り横断幕

中世社会を風刺したヘルマン・ボーテの作とされる民衆本「ティル・オイレンシュピーゲル」は、ブラウンシュヴァイク近郊に生まれた伝説の主人公ティルが、ドイツ各地を渡り歩きながら、都市に存在した手工業者の徒弟制度を揶揄するなど民

写真４－２　ティル・オイレンシュピーゲル像

衆の不満を代弁するかのようにいたずらを各地で繰り返し、いわゆる「権力者」に一泡吹かせ、メルンで死亡したとされる話である。音楽好きの方であれば、リヒャルト・シュトラウスの交響詩「オイレンシュピーゲルの愉快ないたずら」を思い出されるかもしれない。市内にはティルの像があり、聖ニコライ教会の外壁の柵内には墓石が立っている。物語によれば、臨終に至るまで悪さを繰り返したティルを納めた棺を誤って垂直に落してしまったが、「へそまがり」のティルのことであるし、このままでよかろうと垂直のままに棺は埋葬されたという。そのため墓石にはティルが横たわり「ここに眠る」ではなく、「オイレンシュピーゲルここに立つ」と記されているのである。

このお話は、中世の北ドイツの社会状況を示してくれているため、筆者のようにその時代の社会で起こった出来事などを研究している者にとっては重要な史料でもあった。これよりも前の時代の文書

写真４－３　メルンの街並み

はラテン語であったが、この本は中世低地ドイツ語で書かれており、現代ドイツ語を学んだ者にとっても難解ではあるが、中世低地ドイツ語の語学の学習にも有益であった。

中世には、メルンはバルト海沿岸地方において生活上、また、魚の保存上不可欠であった塩を、その生産地であるリューネブルクから輸出港リューベックへ運ぶ輸送路上の要所であった（リューベックと、リューネブルクならびに前述のブラウンシュヴァイクについては二章、五章をご参照ください）。メルンは、地理的に当時リューネブルク近郊に位置するエルベ河沿いのラウエンブルクとバルト海への積出港リューベックのちょうど中間に位置していたのである。一四世紀末には主に塩の輸送のためシュテクニッツ運河が建設された。この輸送はリューベックの大商人層に独占されていたが、運河建設も主にリューベック市や市民によるものであったし、運河の要所を中心にリューベック市や市民が土地を買収していた。蓄財方法の少ない当時の市民にとって財産を維持し、地代などの取得による安定した収入を目的として市周辺地を購入することは少なくなかったと思われる。一部には土地を集積して騎士や貴族を目指した市民もいたかもしれない。しかし、都市や市民の土地取得の理由としては、周辺地域を支配する財貨不足に苦しむ領邦君主の土地を担保とした金銭の要求や押し付け販売を受け入れ、その協力のもとで地域の安全を確保しようとしたことが多かったと考えられている。

リューベックのように皇帝直属の帝国都市といえども、周辺の商業路の安全確保のためには地域の権力者の資金援助要請に応じなければならなかったのであろう。メルンの封建社会での地位は帝国都市の一段下の領邦都市であり、皇帝の臣下である領邦君主を都市君主としていた。もともと都市君主は、治める領邦にある都市の裁判で裁判長を務めるなど都市にとって重要な存在であったが、それは次第に名目的なものとなったり、裁判権さえも担保とされるなどして、裁判長は代理として市民の代表者などが務めるようになっていった。このように不動産だけでなく都市にとって大事な権利が都市に質入れされたり販売されたりして、市民による自治が少しずつ実現されていったのである。都市君主からしてみれば、本来務める仕事をせずに、お金がもらえるのならば、歓迎であったのであろう。

しかし、この地の支配者ラウエンブルク・メルン家の当主が行ったのはそうしたレベルのことではなかった。彼は、都市メルンを含め支配地全体をリューベックに担保として質入れしてしまったのである。市内にはこの都市がリューベックに質入れされたことがプレートにして残されていた。市民にとっては屈辱の歴史であろう。そんな悲しい過去をもつ都市メルンを訪れた帰途、メルンからリューネブルクに向かう際、列車で思わぬ「事件」に遭遇した。

メルン郊外での出来事

メルンからラウエンブルクに向かうローカル線での出来事であった。ディーゼルカーが突然急ブレーキをかけ停車した。私を含め乗客は何事かと列車の前方を眺めたが瞬時には、その急停車の理由がわからなかった。そうしたなかで、運転手が運転台から降り、前方に向かって歩き出し、線路上で身をかがめた。そこには親に続いて線路を越えようとしているが、どうしても越えられないでいる一羽のカルガモの赤ちゃんがいたのである。ドイツの鉄道の線路は日本の新幹線同様広軌でレール自体が重厚で高さがあり、カルガモの赤ちゃんが乗り越えるには高すぎたのであろう。運転手はその子をすくい上げ母ガモのいる方向に放して、運転席に戻ってきた。乗客一同は拍手でその運転手をむかえた。田舎のローカル線でのこととはいえ、列車はかなりの速度であったと記憶している。個人的にはまず、線路上の本当に小さな生き物まで見つけた運転手の前方への神経の集中と目の良さに感心した。

同時に、ドイツ人というとどちらかというと規則を重視し、融通のきかないことが多いように思っていたが、そうとだけはいえないとも思った。誤って切符を買わずに駅構内に入ってしまったり、小銭がなく切符が買えず列車に乗ったりしたときでも、抜き打ちの検札が行われた場合、どんな言い訳をしても規則を盾に譲らないという話は何度となく聞いたが、それはドイツ人の一面にすぎないと思った。

リューネブルクの街中のレストランで食事をしていた時、庭先に野兎が現れるほどに自然が豊富なこの地域周辺では、動物の列車との衝突事故も多いのかもしれない。線路上に大きな動物を見つければ衝突を避けるために列車は急停車するであろう。しかし、通常、列車は定時運行を基本とするであろうし、確認したことはないが、服務規則には明記されていなくても、本来はこうした行為は認められないのではないかとも思う。日本であったら列車の運転手はどうするであろうか。また乗客は、こうした出来事に遭遇したらどう評価するであろうか。小さな出来事ではあったが、運転手の優しい心、たとえ列車が急停止しても、わずかな時間とはいえ列車の遅れる原因となるようなことであっても、その行為を称えたドイツ人に敬意を表したいと思った。

おわりに

ヨーロッパの中でも、特に小国が分立していたドイツの中世都市では、都市君主は存在していても都市は十分な保護を受けられないことも多かった。そうした状況下で市民による自立した運営が行われ、市民自治がしっかり定着し、市民たちは危機に追い込まれれば、時には武器をとって命がけで都市を守った。それゆえ、市民たちは自らの都市に誇りを持ち、都市もまた個性的であった。そんな都市が他の都市に質入れされた。市民にとって心情的にそれはいかばかりのものであったのであろうか。そんなメルン市民のことを考えながら列車移動の際に遭遇した出来事は心に残るものであった。

市郊外での心温まる出来事との遭遇からはそれまで思っていた規則を重んじ、頑固なドイツ人気質と異なるドイツ人の一面を見たように感じた。列車の運転手一人の話ではなく、乗客一同が、小さな命を大切にしていたことが印象的であった。日本であっても、こうした運転手の行為は一般的には好意的に評価されるとは思うが、皆が一様に支持するか気になった。

第五章　危機に瀕したハンザ都市 ブラウンシュヴァイク、リューネブルク

はじめに

「ハンザ同盟」に属したハンザ都市といえば、リューベックやハンブルクなど海や大河河口に面した港湾都市をイメージする人が多いのではなかろうか。もちろん、ハンザ都市は内陸にもあるが、あまりわが国では知られていない。今回はそんな内陸のハンザ都市のうち、特徴ある二つのハンザ都市ブラウンシュヴァイク、リューネブルクが、それぞれ厳しい環境に置かれながら現在までたくましく成長したことをみていきたい。

大合併の都市ブラウンシュヴァイク

ブラウンシュヴァイクといわれても、すぐにどこにある都市かわかる人は少ないであろう。英語読みではブルンスウィックと呼ばれるこの都市は、ベルリンの西約二百キロメートルに位置している。ドイツ北部のオカー河に接した、かつては南部の山地から鉱物が採出されることから金属加工業が盛

写真５－１　ブラウンシュヴァイク中央駅の駅名板

んな内陸の「ハンザ同盟」の加盟都市であった。現在のドイツ連邦ではニーダーザクセン州の都市で、人口二十四万五千人余である。サッカー好きな人ならばアインハルト・ブラウンシュヴァイクの本拠地という方がわかりやすいかもしれない。

ブラウンシュヴァイクは、神聖ローマ皇帝と戦った北ドイツの有力貴族ハインリヒ獅子公の拠点都市といわれ――ブラウンシュヴァイク中央駅の駅名表示には「ハインリヒ獅子公の都市」という表示がある（写真）――、中世にアルトシュタット、ノイシュタット、ハーゲン、アルテヴィク、ザックの隣接する五つのまちが一つにまとまった複合都市でもある。ドイツ語ではドッペルシュタットと呼ばれ、日本では二重都市と訳されているが、それは、厳密には、例えば今の福岡市のように城下町福岡と商都博多が一つの都市になった事例をいうのであろう。ヨーロッパでも、ハンガリーの首都ブダペストはブダとペストという二つのまちから形成された都市であり二重都市であった。

しかし、日本における何度かの「大合併」ならともかく、中世にブラウンシュヴァイクのように五つのまちが一つの都市を形成するというのはそれほど多くはないのではなかろうか。しかも、過去には、それぞれのまちが特徴を維持しつつ、時には競い合って成長してきた点は興味深い。

日本の城下町で同職の人たちが同じ地域に住んで、例えば桶を作る親方や職人の仕事場兼住居があったまちが桶屋町とか鍛冶屋が仕事をし、住んでいたのが鍛冶町というように、その職業が町名になることがあるが、ブラウンシュヴァイクでは、アルトシュタットには富裕な商人たちが多く住み、ノイシュタット、ハーゲンには次層の商人や豊かな手工業者が、アルテヴィク、ザックには貧しい手工業者たちが住むなど、それぞれのまちは居住する人たちの職業、階層に特徴があった。

複数の君主が君臨した都市

もう一つこの都市の特徴として、複数のまちが一つになったがゆえか、中世には複数の都市君主がいたことがあげられる。すなわち複数のヴェルフェン家系者が代々都市君主を継承し、「本家」や「分家」が勢力の拡大を目指し対立を繰り返していたが、その紛争に都市もまたいやおうなしに巻き込まれたのであった。というのも、彼らそれぞれが都市の権利の一部を有し、その権利をたてに金の工面を市に求めたため、家系間の内紛の際には市はそれぞれを経済的に支援しなければならなかったのである。加えて、市はマクデブルク司教領、ヒルデスハイム司教領に囲まれており、しばしば、それらの都市君主すなわち大司教、司教とヴェルフェン家との対立にも巻き込まれるなど、厳しい地域内の環境にもあった。十四世紀後半のそうした封建権力者への経済支援、時には戦費の捻出の結果、市の財政は増税なくしては成り立たなくなった。しかし、その増税提案は市民の反発を生み、それまでの市政は維持できず、新市政に移行した。こうした出来事がこれで終われば他の「ハンザ同盟」の都市と変わらないが、ブラウンシュヴァイクは「ハンザ同盟」から除名され、他のハンザ都市と商業上の協力が得られない事実上の商業封鎖のような状況になった。それが解除されるまでの間の市の経済状況は悲惨なものであった。しかし、このような厳しい環境、市にとっての試練が市を強くしたとも思えるほどに商業封鎖解除後に再び都市経済は復活したのである。

市財政の再建

市の財政再建は巧みであった。例えば、ハンブルクでは市内生産のビールの樽ごとに課税し、税収が確保され、市財政の安定がはかられたのに対し、ビール醸造が盛んでなかったブラウンシュヴァイクにおいてはビールをある程度輸入に頼り、その輸入ビールの関税が市の税収となった。その他にもワインや、生きていく上で欠くことのできない穀物にさえも消費税をかけ、その収入の増大によって財政の安定をはかったのである。逆におそらくは生産上有利な金属加工品などの輸出に力を注いだのであろう。早くも中世末には、それぞれの都市で有利な条件のものが生産され、輸出入される都市間分業が展開していたのである。

こうした消費税など間接税の徴収強化は一般に中下層の市民にとって重く、一部富裕市民を優遇し

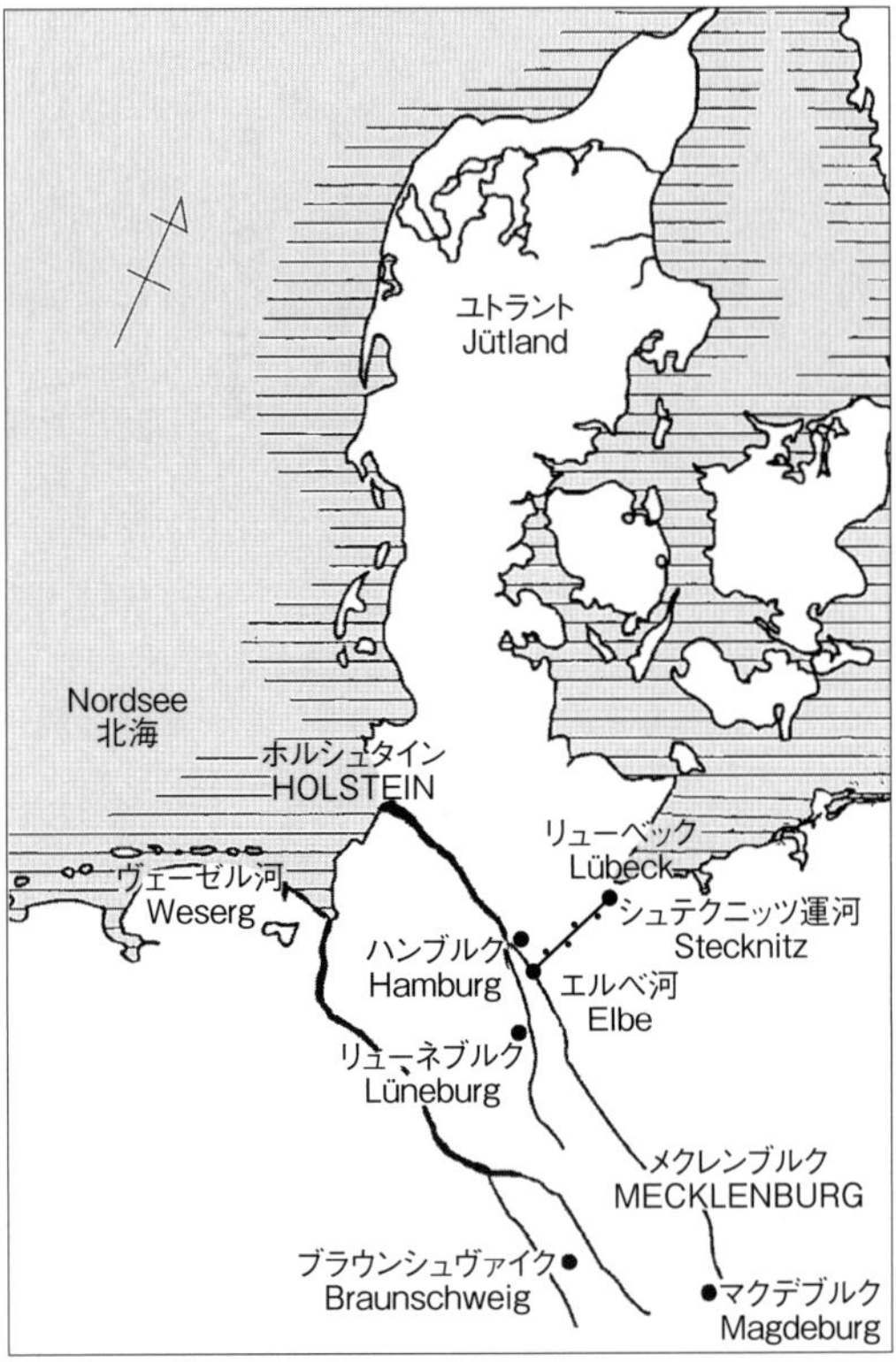

図5-1　北ドイツの地図

た税制とも考えられ、通常であれば市民の反市政運動の原因になったが、それまでの厳しい経済状況と、採石場が運営され、それを利用した公共建造物の建設など公共事業の積極的な展開が一般市民の反発を緩和させたのであろう。

　間接税の課税が強化された一方で、直接税は軽減された。いくら課税をしても税収がしっかりと徴収できなかったからである。重い直接税課税に不満をもつ支配層を成す富裕市民は、あの手この手で税逃れの「節税」をしたのである。しかし、このように確実に徴収できる間接税に重点を置く税制改革を行ってもなお、ブラウンシュヴァイクの財政は赤字であった。市はそうした歳入不足を補うために市債を富裕な市民に販売した。その市債の発行残高、すなわち市の借金は、十四世紀末には約二万二千マルクにも達したのである。この額は市の年間収入である歳入の八年から十年分に相当した。

しかし十五世紀初頭には、市の負債である市債の発行残高は八千マルク余り、十四世紀末の三分の一近くにまで減少したのである。実は市は、毎年生じていた歳入不足に対し、財産税などの課税が軽減された富裕市民から寄付を受けていたのである。その後も特に戦時には、戦費支出や都市君主等への経済的支援のため多額の歳入不足が生じ、その際にはしばしば富裕市民の多額の寄付によって歳入不足が補われた。その額は、一四一五年には市の歳入の半額、一六年にも三分の一を占めるほどであった。すなわち、市は富裕市民への直接税を軽減し、他方で富裕市民から寄付を得るという形で確実な歳入確保をはかったのである。それは市の現実的でしたたかな財政安定策ではなかったかとも思えるのである。

製塩都市リューネブルク

厳しい社会環境の中で成長した都市という点では、リューネブルクも負けてはいない。ブラウンシュヴァイクと同じニーダーザクセン州にあるリューネブルクは、ハンブルクの東南四十キロメートル余り、電車で約三十分ほどのところにある、現在人口六万七千人余の都市である。中世にはリューネブルクでは井戸から塩水を汲み出し、それを煮詰めて不純物の少ない良質の塩を生産していた。中世において塩は食品保存上重要であり、特にバルト海沿岸地方では、リューネブルク産の良質な塩が、魚類の保存用に用いられるなど重宝され、それは主にハンザの領袖都市リューベックの商人によって独占的に供給された。その搬出を主な目的として、市の北東二十キロメートルのエルベ河近郊のラウエンブルクからリューベックまで六十キロメートルにもおよぶ運河が建設され、リューネブルク塩は船でバルト海地方に搬出された。この塩の搬出路は今では「塩の道」ザルツシュトラーセと呼ばれ観光資源にもなっている。しかし、塩を煮出すための製塩の燃料として周辺の樹木が伐採された。伐採後放置された結果、森林はリューネブルガーハイデと呼ばれる荒れた草原になったといわれている。また、塩水の過度の汲み出しは地盤沈下をも引き起こした。中世の自然環境破壊の一例である。

市民社会について日本と比較する時、西欧市民社会の伝統であるとか、市民意識や各都市の個性の継承など、どちらかといえば日本の市民社会に欠如した部分が指摘され、西欧市民社会がいかにも優れていると強調しているように感じられるかもしれない。しかし、決して西欧の市民たちがよいことばかりをしてきたわけではなかった。西洋の都市といえども歴史的に問題がなかったわけではないのである。

塩輸出の衰退から観光都市へ

近世に入り、リューネブルク産の塩の独占は、イギリスやオランダによるフランス西部ラ・ロシェル近郊のブールヌフ湾からもたらされる質は劣るものの安価な、通称ベイ塩と呼ばれる天日塩に次第に敗北していく――フランス西部における製塩業の原点はレ島であったという――。特産物の塩が外来の塩に敗れ、市内では地盤が沈下し、周りを見渡せば荒れ野原という、いわば「踏んだり蹴ったり」の状況であった。ところが、その荒野ハイデにエリカが群生し、八月から九月に可憐な花を咲かせるようになった。するとその開花の時期には、その美しい風景を目的に多くの観光客が訪れるようになった。自動車の乗り入れは禁止なので、観光は歩くか、自転車か、馬車である。市は、常にハイデの現状維持、特に家畜などを利用してエリカの過度な成長を抑え、エリカの保存と開花を促進する工夫も行ってきた。同時に、エリカの開花の時期のハイデだけでなく、観光客を市内に誘致しようと、塩博物館なども作られた。イルメナウ河の川岸にある塩を船舶に積み込

写真５－２　製塩業の原点レ島のシトー派修道院の廃墟

写真５－３　リューネブルガーハイデの観光馬車

むための昔のクレーンや、幸運にも戦火をのがれたリューネブルクではドイツ最古の木造建築といわれる旧市庁舎、アム・ザンデ広場にある商人の館やビール醸造所など市内の観光施設の充実にも努めた。したたかといえばしたたかなのであるが、ハイデは見事な観光資源になり、それがさらにリューネブルクを個性的な観光都市へと成長させるきっかけにもなったのである。

ちなみに、リューネブルクは日本の徳島県の鳴門市と姉妹都市提携を結んでいる。もともとは第一次世界大戦の時に捕虜収容所が鳴門にあり、捕虜であるドイツ人と地元の人たちとの交流から始まったというが、両都市とも以前には製塩が盛んであり、規模も類似しており、かたやリューネブルガーハイデ、かたや渦潮という観光資源があるなどの共通点があることから今も交流は盛んであるという。

おわりに

近世まで北ドイツでは地域的に遍在するものや奢侈品などの一部商品を除き、一定地域で必要なものは、その中心にある都市で生産され、周辺の農地から必要な食糧が供給されるという自己完結型の世界を展開していたが、ブラウンシュヴァイクの経済活動は部分的とはいえ、それとともにより広い経済ネットワークが展開していたことを示しているともいえよう。ブラウンシュヴァイクは、合併により成立した都市が君臨する複数の封建権力者たちに悩まされながらも、その逆境の中で上手に財政を切り盛りし、たくましく成長した事例の一つであろう。

しかし、たくましさというならリューネブルクはそれ以上である。もともとは地域にとっても都市にとってもマイナス要因であったものを、見事に観光資源へと転化させたのである。偶然性が高いとはいえ、このように、時には負の材料さえも新たな観光資源になることもあるという事実から学ぶところもあるのではなかろうか。

こうした両都市の事例は、不利な厳しい条件下にある都市でもやり方次第で発展の可能性があることを示してはいないだろうか。

第六章　旧東ドイツのハンザ都市
ヴィスマール、ロストク、シュトラールズント

はじめに

もう三十年以上前に初めてキール大学に出かけた折、当時入りにくかった旧東ドイツ、正式名称ドイツ民主共和国に出かける機会があった。当時の東ドイツの事情はベルリンなど大都市については伝えられてはいたが、実際に日本から北部ドイツの東側、現在のメクレンブルク・フォアポメルン州の中小ハンザ都市への観光客はもちろん、商用でも訪れる人はほとんどなく、都市やそこで暮らす市民についての情報はあまり届いていなかった。実際に都市を見て歩いて、また、市民と話して、いろいろと考えさせられることがあった。

旧東ドイツへの旅

旧東ドイツへの入国にはベルリン等の空港経由の空路、北欧やロシア経由のバルト海からの海路と陸路があった。訪ねる都市は北部のバルト海に面した都市であり、キールはデンマークに向かって北

に伸びたユトラント半島の付け根に位置したバルト海に面した都市であったから、海路の定期航路でもあれば利用したかもしれないが、リューベック経由で陸路鉄道での入国を選択した。当時、直行する船がなかったこともあるが、船の場合、書籍、印刷物やフィルムなどの持ち物検査などが厳しいと聞いたことも理由の一つであった。

旧東ドイツへはリューベックからヴィスマールというハンザ都市に向け出国した。五月の午後のことであったが、日本の梅雨時のような天気で北陸の冬空のように厚い鉛色の雲に覆われ、暗いイメージであったことを鮮明に記憶している。まず、入国の第一歩は国境のヘレンスブルクでの入国手続きから始まったが、その場所の環境がより一層そうした暗いイメージを助長したのかもしれない。ヘレンスブルクというと都市であるように思われるかもしれないが、実際は国境警備と税関の建物があるだけの鉄条網で囲まれた檻のような空間で、列車は西ドイツ側から進み入国審査を受けたのである。当時西側の情報は制限されていたから、持っている新聞などはスポーツ紙に至るまで取り上げられた。座席の背まではずして確認していたのが印象に残った。

その際のことでもう一点思い出されるのは、入国以前に「不正」にお金の交換をしていないかを執拗に尋ねられ調べられたことであった。事実上、東ドイツのマルクは西ドイツのマルクの価値の十分の一くらいしかなかったが、「公式」には、対等の交換率とされていた。すなわち「公式」レートで交換すれば西ドイツの一マルクは東ドイツの一マルクとなるが、西ドイツで交換すれば十マルクに交換をすることができるのである。「非公式」の交換を必死に取り締まっていたのである。ちなみに、この旅行の際、日本円に換算すれば一万円ほどを両替したが、三泊四日の旅行ではホテルのレストランで夕食をとりその際にはビールなどを満足するほど飲んだし、観光施設の入場料や若干の書籍も購入したが、出発前に宿泊予約をとり、事前に料金を支払っていた宿泊費以外それで滞在中の費用すべてをまかなえた。当時と今とでは物価に大きな差があるとはいえ、それほど物価は安かった。

ハンザ都市ヴィスマール

キールからリューベック経由で約一五〇キロメートルに位置するヴィスマールは、中世にはビール醸造業では有数の都市であった。市は醸造業の衰退とともに一時経済的に停滞を示していたようであったが、近年人口は増加し、現在では人口約四万二千人の都市である。三日目に訪れたシュトラールズントとともに二〇〇二年には「ハンザ同盟と煉瓦建築」で世界歴史遺産にも登録されている。

ヴィスマール駅にはたぶん午後六時ごろに着いた。まちは暗く、列車が到着したというのに駅には人はまばらで、ホテルまでどう行ったらよいのか尋ねようと駅員を探していると、乗ってきた列車の車掌が駅舎まで追いかけて来て、ホテルの名を伝えると、あっちだと示してくれた。一九八〇年代初頭のヴィスマールは、ローカル線の小さな都市であった。そのまち中の本当に小さなホテルにチェックインするとパスポートを預かるといわれた。外国滞在中には旅券は常に自己管理し、外出の際には携帯するものと思っていただけに、それを「取り上げられてしまう」と、外出にはちょっと不安でもあったが、教会施設など荒れた状態の歴史的建造物が点在する暗いまちを散策してホテルに戻り食事をした。というのもまち全体が薄暗くレストランの看板などなく、ホテルのレストランでの食事しか選択肢がなかったのである。

考えてみれば、地域の人たちだけが利用するレストランに看板はいらない。そうした状況からは、都市がいわば地域内の人たちが外部社会から孤立したがごとき生活をする空間であるように思えた。

ホテルのレストランでの食事は、地元の名士と思《おぼ》しき人たちのパーティー会場の一角であった。翌日以降まちの中で目にした、長蛇の列を作りパンなど食品を買い求める市民生活とはまったく異なる光景であった。

写真６－１　ヴィスマールの市場広場と給水塔（2002年）

ロストクでの夕食

翌朝チェックアウトしてパスポートを受け取り、午前中再びまちを観光して、昼過ぎにロストクに移動した。都市ロストクは、ヴィスマールの東北東六十キロメートルほどに位置するバルト海沿岸域で最古の一四一九年創立のロストク大学を有する現在人口約二十万人のこの地域の大都市である。市内を観光した後、私には不釣り合いの市内一の立派な国際ホテルにチェックインした。その際、昨日はどこに宿泊したのかと尋ねられた。その時に初めてホテルにパスポートを預けると、そのパスポートに確かに宿泊したという証拠の地元警察の印がいることを知った。地方都市の小さなホテルに着いたのがたまたま日曜日であったことなどが重なってそうした押印を忘れるミスを生んだのであろうが、管理されていることを実感した。

市内を観光した際に今晩の夕食のレストランをと思っていたが、その日も結局ホテルでの夕食になってしまった。その際コテレット、すなわちカツレツを注文した。日本のトンカツと同じ形態のものが出てきたが、定番のキャベツのせん切りは添えられていない。「トンカツ」二枚が皿にのっているだけだった。ソースは予想通りなく、醤油もなかったので、ホテルのボーイにいわれた通り塩で食べたが、料理にとって、昔でいえば香料、今なら調味料が大切であることを実感したのを記憶している。

たまたま東ドイツに滞在していた時、東ドイツのホーネッカー議長が日本訪問中であり、そのニュースが流れていたこと、当時この地域ではまだ珍しい日本からの来訪者ということで、どこへ行っても歓迎を受けたが、朝食はもちろん夕食までもホテルでというのはあまりにも悲しいと思った。というわけで、三日目のシュトラールズントでは何としてでも街中でレストランを見つけ食事をしたいと思った。

シュトラールズントのビヤホール

翌日、さらに東に列車で七十キロメートル余の現在人口約五万八千人のシュトラールズントに移動した。シュトラールズントは、一三七〇年に「ハンザ同盟」が当時の北欧の強国デンマークに勝利して、「ハンザ同盟」の絶頂期を示すものと評価されているシュトラールズント条約を締結した都市である。

写真6－2　ロストク市中心部（1980年代）

ロストクでレストランが見つからなかったのに、この程度の中都市ではもっと難しいように思えたので、昼間観光した折に、通りがかりの何人かにビールの飲める店を聞いてみたら、何人目かの若い人に教えてもらえた。

午後六時ごろであったであろうか、看板はないが、ビールが飲めると教えられた店に入ってみると、学生風の若者と中年の労働者風の二組の先客があった。少し飲み始めると「どこから来たのか」「ビジネスか」などの質問から話をするようになった。とにかく珍しい日本人に日本という国について知りたいのは当然としても、西側の情報を知りたがっているように見えた。新聞など活字になっているものが入ってこなくても、ラジオやテレビなど遮ることの難しい電波を通じて情報は入ってくるのではないかと思っていたが、そうではないらしい。その折もう一点気になったのは、学生とは普通にドイツ語で会話ができるのに、中年の人との間ではどうしてうまく話ができないのか、学生の通訳が必要なのか、ということであった。とにかく中年の人の言葉が聞き取りにくく、当初はおそらく自分のドイツ語力の弱さのせいだろうと考えたりもしたが、その理由ははっきりしなかった。

写真6－3　シュトラールズント市門

翌日、市街のショーウインドウのテレビの価格が当時の国民の給料から考えてかなりの高額であり、ラジオですら高価であることに気付いた。これは地域外、特に国外の情報を抑制するために、一般庶民に手の届かないように金額が設定されているのではないかと思った。実は、電話の普及率も高くないとのことは前日のビヤホールで聞いた。こうした環境では地域外との会話の機会は少なくなり、情報は地域内に限定されることが多くなるのであろう。ちなみに、ホテルのフロントのカウンターの脇に昔ながらの電話の交換台があり、隔世の感があったことを記憶している。

このように、当時の西欧社会の情報が十分には届かず、普通にドイツ語での会話ができなかったのは、結局テレビや電話など、すでに西側では当たり前のメディアの普及が意図的に遅らされていたからではなかったかと思われた。こうした隔離された地域内で地域の決まった人たちだけが話をする環境の中では、方言がいわば地域の「標準語」になってしまうのであろう。三十数年前すでに日本ではどこにでも売っている安価な携帯の小型計算機で計算していたら、これにも驚かれた。とにかく情報がなく、いわば世界の現実が知らされていなかったのである。

写真6－4　シュトラールズントの市庁舎

おわりに

最初に訪れてから二十数年後の二〇〇二年に今回紹介したハンザ都市を再訪した時には、統一ドイツのもと、それぞれのまちは大掛かりな改修が進み整備され、歴史的なまち並みも再生されていた。しかし、その際に、各都市のまち中で地元の住民と思しき人に何回か道などを尋ねたことがあったが、特に熟年層は言葉を発することなく、わからないと口元で手を振ることが多かったようにも思えた。たまたまのことかもしれないし、あえて外国人とは会話を交わさないのかとも思ったが、シュトラールズントのビヤホールでのことを思い出した。

地域の方言、お国訛りが生きた形で維持されることは、地域文化の継承という点から見て悪いことではない。しかし、それが自由な情報交換ができる環境が作られなかった結果であったとすれば残念なことである。地域を超えたさらに広い社会が健全に形成されるには自由に情報が交換し合える、手に入れられるということがいかに重要であるかを改めて教えられた気がした。思いすごしであろうか。

第七章　ドイツ中部の都市
フランクフルト・アム・マイン

はじめに

フランクフルトといえば、日本から空路ヨーロッパに出かける時に最初に着く空港の一つとしてイメージされているかもしれない。しかし、フランクフルトは、「フランク族の渡河地」という意味であり、この名の都市はドイツ国内に一つではない。国際空港のあるフランクフルトは、ライン河の支流マイン河の渡河地ということで、正式にはフランクフルト・アム・マインという。オーデル河の渡河地はフランクフルト・アン・デア・オーデルである。ちなみにフランクフルト・アム・マインのアムはアン・デムの短縮形で、アンは前置詞、デムは定冠詞である。ここがドイツ語のややこしいところなのであるが、マイン河は男性名詞なので定冠詞はデムとなり、オーデル河はなぜか女性名詞なのでデアと変化するのである。そのような理由で少し異なる表記に見えるが、両者の名称は日本でいえば、温泉地には湯本があるが、それを地名としているところは神奈川県には箱根湯本があるし、山口県には長門湯本があるのと同様である。

かつて、ドイツに出かけようとすれば、直行便はなかったからアンカレッジ経由で十五時間以上、南回りなら、アジアの数都市を経由して一日近くかけて、疲れ果てて到着し、八時間の時差の中で、はじめてゆっくり休めたのがフランクフルトのホテルであった。そんな都市フランクフルト・アム・マインで、立ち寄った折に感じたことを述べてみたい。

都市フランクフルト・アム・マイン

歴史的に見ると、ドイツは十九世紀後半まで小国分立の状態で、中央集権国家が成立せず、中世には三〇〇以上の領邦が存在した。多くの都市が、今の州よりもさらに小さな地域の領邦の支配者である封建権力者を都市君主とする領邦都市であったが、フランクフルトは中世以来、領邦君主が従属する神聖ローマ皇帝を都市君主とする帝国都市で、法的な地位は領邦を支配する君主と同等で一般の領邦都市よりも一段上であった。

フランクフルトは、ドイツの中部、ヘッセン州にあって交通の要所であり、州都でないにもかかわらず現在人口約七十万人のドイツ第五の都市である。フランクフルト国際空港はロンドンのヒースロー空港、パリのシャルルドゴール空港に次ぐ空港といわれ、二〇一〇年には五三〇〇万人の乗降客があり、二二〇万トンの貨物が空港を経由したという。ヨーロッパにおける国際金融の中心として知られ、ドイツ連邦銀行、ドイツ最大の証券取引所があるだけでなく欧州中央銀行も置かれている都市である。

ゲーテの故郷としても有名である。市内には第二次世界大戦で完全に破壊されながら戦後正確に復元されたゲーテの生家があり、レーマーと呼ばれる旧市庁舎や神聖ローマ皇帝の選挙、戴冠式の行われた教会大聖堂などもある。二〇一〇年の市への来訪者は年間三四〇万人にものぼったというが、その数は空港利用者の一割にも満たない。その中にはビジネス客も含まれていることを考えると観光都市とはいえそうもない。むしろ交通上の要所として、移動の過程で立ち寄る都市という感が強いといえよう。

　名物としてはリンゴ酒やフランクフルトソーセージが有名である。市の中心部のマイン河の対岸にある歓楽街ザクセンハウゼンでは庶民の味リンゴ酒が供される。老舗の居酒屋ではリンゴ酒だけで、ドイツでは定番のビールさえない。ちなみに、市の周辺だけで年に四万トンのリンゴから三千万リットルのリンゴ酒が生産されているという。

写真７-１　ユーロのマークと欧州中央銀行

　ドイツのソーセージというとカレーソーセージから血のソーセージなど様々な種類があるが、フランクフルトソーセージは豚肉とその脂身から作られ、主に塩、胡椒のシンプルな味付けで、ゆでて食べるのが普通で、ビールのつまみにはもってこいの味である。

写真７-２　旧市庁舎レーマー

フランクフルトは、乗換えなどで通過はしているものの中心市街地をブラブラするのは十三年ぶりのことであったが、二〇一四年夏に久しぶりに訪ねてみると随分と近代的な都市に変身していた。市の中心部の大聖堂周辺では再開発工事が行われていた。古い建造物の建て替えは都市の活性化にもつながるものであろう。しかし、旧来の街並みを尊重し、ただ容積の大きい建物を造り便利にするだけではない再開発を期待したいと思った。そのなかで変わらないのが中央駅の駅舎であった。

ドイツ都市の中央駅

ドイツの大きな都市の場合、中長距離列車の発着する中央駅があり、それは文字通り都市の中心部に位置することが多い。大きな都市の中央駅の特徴として行き止まり駅が多いことも挙げられる。行き止まり駅といっても単独路線の終点ではない。到着列車が異方向へ出発する途中駅でもある。行き止まり駅では機関車が客車を牽引する場合、到着後、次の目的地に向けて出発しようとする時、牽引してきた機関車を切り離し、最後部に新たに機関車をつけるという面倒な作業が必要である。蒸気機関車から電車や電気機関車、ディーゼル機関車が主流になると、ヨーロッパでは、路面電車や地域内の列車を除き電車にするのではなく、解決策の一つとして最後尾の客車に運転台を設け、先頭を走ってきた機関車を遠隔操作して、機関車に客車を押させる、いわゆるプッシュ・アンド・プル方式でこの問題を解決した。しかし、ここにも問題があった。駅まで運転してきた運転手が継続して運転しようとすれば、最前部から最後部へ急いで移動しなければならない。もちろん交代要員の運転手を配しておけばこの問題も解決はできる。しかし、一定時間停車する遠隔都市間の限られた列車であればそれも可能かもしれないが、近郊地域間を結び中央駅がその途中駅である場合停車時間が短く、列車の本数も多いことから、運転手の移動や別の運転手の配置をするのは難しいと思われる。

行き止まり駅が不便であれば、改善しようと考えるのは当然のことであろう。日本であればどうするだろうか。多くの場合、行き止まり駅を改善すべく弧を描くように線路を敷設し、継続して運転が続けられるようにするのではなかろうか。しかし、そうなると行き止まり駅の駅舎はそのままでは使えない。それまでの不便さがあればそれを改善することと併せて、駅舎は建て替えられることが多いのではなかろうか。

日本では、複数の方向から線路が集まる行き止まり駅は少ないが、例えば青森駅は東北線、奥羽線、津軽（海峡）線が港に向かって着く行き止まり駅である。かつて東北新幹線が八戸駅までであった時には、八戸・弘前間の特急つがるは青森駅で列車の前後の向きを変えて運行された。ちなみに他の途中駅の停車時間は一分程度であるのに、青森駅では五分程度停車している。青森駅や津軽海峡を挟んで対岸の函館駅は港に隣接する駅であるから、新設の新幹線の鉄路は内陸に新駅を作り建設されている。内陸部では西洋の大都市における行き止まり駅とは異なるが、かつてはスイッチバックで急こう配を前後に向きを変えて上り下っていく折り返しに行き止まり駅があった。首都圏でも箱根登山鉄道に乗れば、途中で電車の向きが逆転し、運転士と車掌が前後に行き来する光景を目にする。そうしたスイッチバックの駅は、山梨県内の中央線で多く見られたが、電車の性能向上や、トンネルを掘るなどして緩やかな傾斜の鉄路への改善によって次第に姿を消し、駅舎も移転したり、建て替えられたりしている。

フランクフルト・アム・マイン中央駅の改造

ドイツの鉄道駅には、歴史的文化財ともいえるような重厚な造りのものが多い。現在十三路線の高速特急列車ＩＣＥが乗り入れ、一日の乗降客数が約三五万人といわれるフランクフルト・アム・マイン中央駅も行き止まり駅であり、もともと一八八八年に完成した古典様式の壮大な駅舎である。戦後に修復再建され、その後旧来の駅舎をそのまま維持しながら、駅に着いた列車が方向を変えずに継続して運転可能な地下の新駅が駅舎

写真７－３　フランクフルト中央駅概観

の隣接地に建設された。今では地下にトンネルを掘る技術も向上し、建設費も安価になってきたが、かつて地下にトンネルを掘ることは地上で線路位置をずらし、新たな駅舎を建設するよりもはるかに多額の工事費が必要であった。費用対効果を考えると大きな決断が必要であったであろう。

乗り入れ可能な列車数が限界に達していたこともあり、二十世紀末には行き止まり駅の不便さを解消し乗り入れ列車の本数を増加することを目的に地下駅化し、それまでの駅舎を解体して駅上に超高層ビルを建設する構想もあったという。しかし、その計画は頓挫し、旧来の駅舎はそのまま維持された。すなわち、中長距離列車は従来通りその行き止まり駅に到着し向きを変えて目的地に向け運転されている。

もうだいぶ前に、日本からフランクフルト空港に到着し、空港駅から中央駅への列車を待っている時だったと思うが、行先表示にはフランクフルト中央駅の後に「深い」を意味するドイツ語のティーフという文字が付されていたが、その意味がわからなかった。それが新設された地下駅であるとわかったのは、後日のことであった。

写真７－４　フランクフルト中央駅は行き止まり駅

おわりに

日本にも文化財といえるような駅舎は各地にある。例えば、東京駅や日光駅、門司港駅などである。たまたま最近ゼミ合宿で下関に出かけた折に、関門海峡の地下トンネルを歩いて門司港駅まで行ってみた。修復中で覆いのかかった状態であったが、何かほっとした。というのも、門司や小倉に近く居住地としての価値が高く、またレトロな港の雰囲気のある良好な環境でもあるので、内心もっと使い勝手のよい、あるいは収益性を重視して「近代的で便利な建物」に建て替えられてしまうのではないかという不安があったからである。一九九六年に仏閣建築の長野駅（一九三六年に建設）が駅ビルに建て替えられたことが脳裏をよぎったのも事実である。長野駅のように日本の大きな都市の玄関口に当たる中心駅では多くの駅舎が駅ビルに建て替えられてきた。まずはお金をかけて守る価値があるかどうかが問題であり、費用対効果の問題もあろう。しばしばそれは、結果として与える経済効果で計られたりする。もちろん旧来の建築物がすべて保存するだけの価値があるわけではないであろうし、きれいになること、便利になることはよいことかもしれないが、犠牲になるものがあるとすれば、熟慮が必要であろう。しかも駅ビル化した結果、どこの駅もその駅特有の特徴が薄れ、類似したものになっているように思う。まちの顔ともいうべき中心的な鉄道駅舎の「近代化」は、そのまちが他のまちと変わらない特徴のないものになっていくことを象徴しているようにも思われる。

便利さだけを追求して、あるいはコストが考慮されて旧来の建造物が取り壊され、「近代的で便利な建物」に建て替えられることも、ある程度やむを得ないことかもしれないが、多少不便であっても伝統を大切にすることの大切さをフランクフルト中央駅の事例は教えてくれているようにも思うのである。

第八章　南ドイツの都市ミュンヘン

はじめに

最初にミュンヘンを訪れたのは、初めてドイツのキール大学へ出かけた時であるから三十年以上前のことであった。夜キールを発ちハンブルクからの夜行列車に乗って朝ミュンヘンに着き、市の中心部の観光をした。その後、今では定番のロマンチック街道からバイエルンの国王ルートヴィヒ二世が建設した壮大な白鳥城ノイシュバンシュタイン城を巡った。ちなみに、白鳥城は「死ぬまでに行きたい世界の名城」第一位で、同第二位の日本の白鷺城とも呼ばれる姫路城とは「白城」協定が結ばれている。

それから何回かミュンヘンに出かけたが、それほど長期間滞在したわけではない。しかしその際、いろいろと考えさせられたり、感激したり、そこから学ぶこともあった。ミュンヘンのまちについて紹介しながらそうしたことについて述べてみたい。

ミュンヘン事情

ミュンヘンは、ドイツが統一されるまではバイエルン王国の首都であり、現在はベルリン、ハンブルクに次いでドイツ第三位の人口一四〇万人を有するバイエルン州の州都で、南ドイツの中心都市である。バイエルン旗は白地に青色の菱形模様で、サッカー好きならばブンデスリーガのバイエルン・ミュンヘンの応援席でこの旗が振られているのを見たことがあるであろう。

ミュンヘンは、一九七二年のオリンピック開催を契機として地下鉄や近郊電車などの整備が進み、急激に近代都市へと変貌を遂げた。市内にはドイツ最大の仕掛け時計のある新市庁舎や、二つの塔を有するフラウエン教会など観光施設もあれば、バイエルンの王家ヴィッテルスバッハ家が収集した主に十五世紀から十八世紀の名画を所蔵するアルテ・ピナコテークや十九世紀から二十世紀初頭にかけてのゴッホ、ゴーギャン、ルノアール、モネ、セザンヌなどの絵画を所蔵するノイエ・ピナコテークといった内容の充実した美術館もある。少し郊外に足を延ばせば、ヴィッテルスバッハ家の夏の離宮ニンフェンブルク城もあるし、さらに足を延ばせばバイエル

写真８－１　新市庁舎

ンの山々やスイスアルプスなど自然も間近にある。観光資源に恵まれた魅力的な都市である。

　ミュンヘンの名物はといったらビールに白ソーセージであろうか。日本で夏にビールというとキンキンに冷えたビールを想定するが、ミュンヘンでは気温に比べ低い温度の常温程度のビールが定番である。ミュンヘンでのビールではドゥンケル・ヴァイス・ビヤー・ミット・ヘーフェすなわち酵母入り白濁ビールが個人的にはお薦めである。少し藁臭い酵母の香りが特徴だが、滋養に優れ昔は妊婦さんの栄養補給に使われ「妊婦さんのビール」とさえ呼ばれたという、味のまろやかなビールである。ビールのつまみにはヴァイスヴルストすなわち白ソーセージや一見レバーのペーストのようなレバーケーゼという名物もある。レバーはドイツ語で肝臓、ケーゼはチーズを意味するが、多くのものはレバーもチーズも入っていない。実

写真８－２　ホーフブロイハウス入口の紋章

際は挽き肉と野菜にスパイスを加えたミートローフだが、とにかくビールには実によく合う。

市内中心部にはホーフブロイハウスをはじめとする巨大なビヤホールもある。二〇一五年の夏、久しぶりに史料収集のためミュンヘンに出かけた際立ち寄ったところ、相変わらず広大な店内には人があふれ、いたるところで一リットルの巨大なビールグラスで乾杯が行われていた。一軒のビヤホールだけでも大変なビール消費量であると思われるが、市では秋には世界最大のビール祭りオクトーバーフェストも開催され、毎年六〇〇万人以上が集まり、五〇〇万リットルものビールが消費されるという。

ドイツの宿泊事情

最初にミュンヘンには夜行列車で出かけた。その時は到着が朝であることもあって宿を決めずに出た。到着時に駅のインフォーメーションで宿を予約しようしたら、大きな医学系学会が市内で開催されているということで、宿の確保に苦労した。あまりに値段が高く、少々呆れた。ドイツではこうした大きな学会や、商業上重要な大市または見本市が開催される時には、全国各地からバイヤーや購買者が集まることから、市内ホテルの客室の需要が供給を上回り、その結果、部屋代はその時期のみ高額となるものと思われる。日本でも五月のゴールデンウイークや年末、年始、夏休みの時期に宿代が高くなるのは仕方がないとは思っていたが、「いわば人の弱みに付け込んで」の価格設定はどうにも納得できないのである。オクトーバーフェストの時などはどのような宿泊費になるのであろうか。あの実直なドイツ人がどうしてと思ったものである。訪れる観光客にとって、宿泊費は重要な問題である。伝統的な施設設備やグレードによって金額が上下するのはやむを得ないであろうし、需要と供給によって価格がある程度変わることは仕方がないことであろうが、同じ宿泊施設が、需要が多いというだけでかなり高額になるというのはどんなものであろうか。ドイツに行って感じたのは、それがあまりにも極端であるということであった。一度フランクフルト空港に着きフランクフルトで一泊するつもりであったが、たまたまフランクフルトのブックフェア（書籍見本市）の日にあたり、市内ホテルがあまりに高額だったので空港駅からフランクフルトと反対側に位置するマインツに宿をとったことがあった。

設備という点でも、市内ではそれなりのレベルのホテルで、それなりの宿泊費であったが、設備が不十分であることもあった。たしかにドイツでこれほど暑くなることは珍しいというほどに夏の暑い日ではあったが、冷房がきかず、文句を言ったら氷を入れた冷風機を貸してはくれた。しかし、氷はすぐに溶けてしまい役に立たず、どうにも眠れなかったという経験をした。ミュンヘンの人口を超える日本の都市札幌ではどうだろうか。ある程度のレベルのホテルならば冬の備えはもちろんだが、夏の暑さ対応もしているように思う。宿泊価格と設備投資、両者の関係は難しい微妙な問題かもしれないが、当時「ドイツにしてはどうして？」と思ったことは事実である。

しかし、ドイツでの宿泊ではこのように考えさせられることばかりではなかった。逆に、本当に心から喜べる嬉しい経験もした。南ドイツのケンプテンでのことであった。ケンプテンは、十六世紀のドイツ農民戦争の中心になった山間の都市である。ミュンヘンから西方向に進み、さらに南に下りドイツ、オーストリア国境に近いケンプテンに着いて、ホテルを探したがどこも満員で、駅のインフォーメーションは「ガルニホテル」を紹介してくれた。「ガルニホテル」は今では夕食を提供する施設のないホテルと定義されているようだが、当時は明らかに日本でいえば民宿であった。あまりに安い宿泊費であったので、どんなところかと恐る恐るその建物を探したが、外見は通常の住居であった。案内された部屋は、独立して他の都市に住む息子さんの部屋であったとのことで、ベッドと机以外何もなかったが、清掃が行きとどき清潔感にあふれた部屋であった。聞けば御主人に先立たれ、娘さんを育てながら、今は空いた部屋を利用して「民宿」を営んでいるという。翌朝の朝食はというと、自家製のジャムに焼きたてのパン、サラダにハム、ソーセージに目玉焼きであったように思う。原材料費はわずかでも、身近な素材に手を加え、さらにひと手間加えられた手作りの朝食で、奥さん、御嬢さんと一緒にいただいた。久しぶりに家庭の味を本当に堪能できた。まさに、ドイツの「普段着のおもてなし」には心がなごみ安らいだ。

バイエルン州立図書館

専門が北ドイツ都市なので、ドイツに出かける場合、圧倒的に北ドイツに出かけることが多いのであるが、二十年くらい前であったであろうか、一時、北ドイツと南ドイツの中世都市の比較研究をしたいなどと大それた研究計画を立てたことがあった。歴史上中世都市といえば一つの概念であるが、

写真８－３　バイエルン州立図書館外観

その中身は北と南では違っていたからであった。それは有名な社会学者のマックス・ヴェーバー（ウェーバー）が指摘してはいるが、抽象的で大雑把であり、具体的に比較してみたいと思ったのである。

ドイツでは各都市には市立の図書館、文書館があり、さらに各州の州都には州立図書館、文書館があり、地域の史料が集められている。南ドイツのバイエルン州での文献調査を行おうと州都ミュンヘンにあるバイエルン州立図書館に手紙を書き、閲覧したい文献のリストを送って協力を依頼した。バイエルン公が建てたこの図書館は、多くの貴重書を含め一〇〇〇万冊にも及ぶ蔵書を有する南ドイツ最大の図書館である。

返事をもらわぬまま、春休み、予定通りドイツのミュンヘンに出かけ、州立図書館に行ってみた。するとなんということであろうか、図書館はイースター休暇を挟んで長期の改修のため休館であった。それならそれで、せめて出かける時期が休館になっていることぐらい知らせてくれてもよいのではないかという苦情を書いた手紙を図書館の郵便受に投げ込んで、どうしたものかと思案した。時間とお金をかけてせっかくここまで来たのに何も成果を上げられないと落ち込んだが、せっかく来たのであるからせめて一部の文献だけでもコピーして帰ろうと思い直し、文献がどれほどあるかはわからなかったがガスタイクにある市立中央図書館に行ってみた。やはり、閲覧したい文献すべてが所蔵されているわけではなかったが、開架の書棚に専門書が置かれており、七割がたコピーができた――ちなみに、二〇一五年夏に再訪した時には、開架の図書はすっかり入れ替わり、ほとんどが一般向けの文献に代っていた――。

驚いたのは帰国後のことであった。なんと州立図書館から大量のコピーの入った段ボールが届いたのである。手紙には連絡しなかったことへのお詫びと希望した文献の一部をコピーして同封したことが記されていた。その大半は市立図書館でコピーをしてきたものであったが、その気持ちが嬉しかった。

写真８－４　市立中央図書館

おわりに

ドイツでの宿泊では一方で憤慨するようなこともあったが、他方でひと時のことではあったが、ドイツの家庭の雰囲気を味わい、ドイツ人の人情に触れるようなこともあった。

突然に手紙をよこした見知らぬ遠方からの来訪者に対し、率直に対応できなかった非礼を詫び、希望にこたえられずに申し訳なかったとコピーを送ってくれたドイツ人の図書館員もいた。次に州立図書館に出かけた際に、事情を話し、感謝の意を表すると逆に申し訳なかったと再び詫び、中世のミュンヘンに関する研究をしている学芸員を紹介してくれた。文献について教示を受けているうちに、「ところで斯波は中世バイエルン語はわかるのか」と聞かれ、「中世高地ドイツ語は多少かじったが、勉強していない」と答えると、「それならやめた方がよい」といわれ、文献調査の段階とは正反対にすぐにあきらめた。学芸員のストレートで率直で親切なアドヴァイスには感心したが、日本でも同様な対応をするであろうか。ちょっと無理とは思っても、まずは励ましてみる。しかし結局は……という経験をすることの方が多かったように思う。「無理なものは無理」とはっきり言うのがいいのか、十中八九無理と思っても希望が持てるよう励ますのがよいのか、どちらがよいとはいえないかもしれないが、考えさせられた。

ドイツ人と日本人は性格的によく似ていると評されるが、そして一概にはいえないであろうが、一連の出来事を通してドイツ人と日本人には異なる心情もあるような気がしたのは事実である。

いうまでもないことだが、それ以来、北ドイツと南ドイツの中世都市についての比較研究は進展していない。

第九章　ドイツ西部の都市トリア

はじめに

これまでヨーロッパ特にドイツの各都市を訪れた際の出来事などを通じて感じたこと、それから学んだことなどを書いてきたが、本章では、ドイツでプッツガーが編纂した最も定評のある歴史地図の中で古代都市と中世都市が比較されている都市トリアについて述べてみたい。ヨーロッパで遭遇した出来事との関連の話ではないが、トリアの現代に至る歴史的過程から学ぶべきものについて紹介したい。

トリアという都市

都市トリアは、ローマ時代に建設されたドイツの最も歴史のある都市の一つである。ドイツ西部のラインラント・ファルツ州にあるモーゼル川沿いの都市で、ルクセンブルクの東四十キロメートルに位置し、現在の人口は約十万人である。古代ローマ帝国の時代に建設された古代都市に起源をもつ。

写真9－1　ポルタニグラ

ローマ時代の遺跡としてラテン語で黒い門という意味のポルタニグラや、皇帝の浴場カイザーテルメンが有名である。『資本論』を書いたカール・マルクス生誕の都市でもある。ちなみに、日本の都市では新潟県の長岡市と姉妹都市になっている。

モーゼルワインのふるさととしても知られ、赤ワインに比べ痩せた土地でも育つブドウで作られる白ワインが有名である。十数年前に娘と訪れた際、たまたま市主催のワインまつりが行われており、市のスタンドで甘いアイスワインを飲んだ成人になってまだまもない娘が、ワインとはこんなにうまいものかと感心していたことを思い出す。

ローマ帝国の長城とトリア

ところで、長城といえば、中国の万里の長城が思い浮かぶと思うが、ヨーロッパでも古代には異民族の侵入を防ぐためリーメスと呼ばれる長城が建設されたことはあまり知られていない。万里の長城は、石組みのしっかりしたものであるから今なお維持され、観光資源にもなっているが、ヨーロッパの長城は堀や柵、石垣など簡単な施設でしかなかったので、今では跡形もないからであろう。しかも、そうした施設では、外敵の侵入を防ぐためには長城の各所に砦を作り軍隊を駐留させる必要があった。当然のことながら、その立地は外敵から守りやすく安全であることが第一条件であったであろうが、生活に必要なものや武器などの補給路が確保されなければならない。したがって、中世の重要な交通路であり、堀としての役割も果たしてくれる河川沿いに砦が作られることが多かったと思われる。

遍歴商人の登場

中世に登場してきた商人は遍歴商人と呼ばれ、例えば大量のリンゴの取れる青森でリンゴを安く買い、取れない地方で高く売るという不等価交換の商業を行っていた。移動しながら商品を売り歩く遍歴商人たち

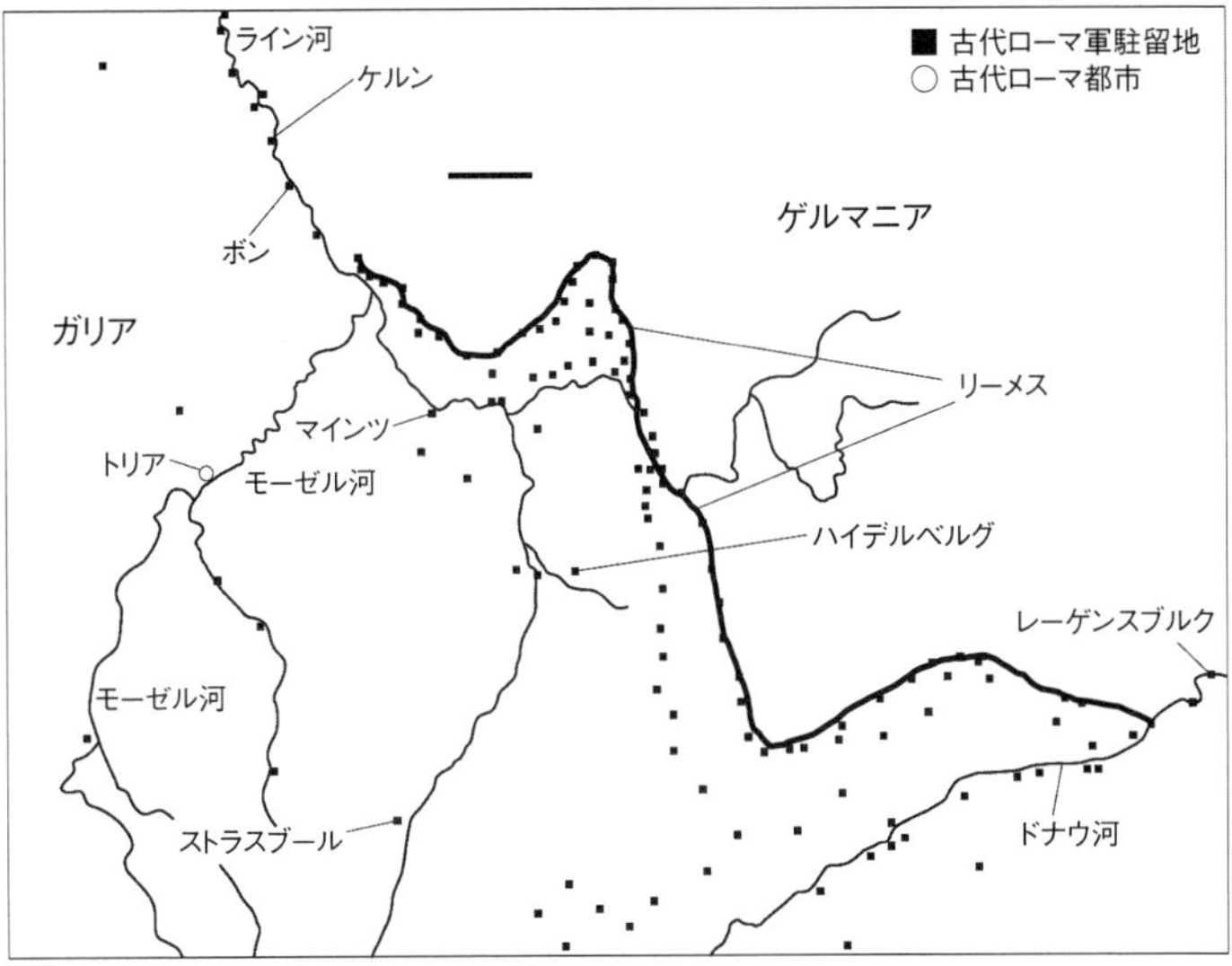

図9-1　東のレーゲンスブルクから北西に向かって防備拠点が線のようにつながるリーメス

写真９－２　地図上の長城リーメスの東に位置するレーゲンスブルク

写真９－３　現在のレーゲンスブルクの中心市街地

にとって、財産ができ家族ができれば、冬の厳しいヨーロッパで、冬を安心して越せる安全な定住地が必要であった。立地的に安全で、商品移動にも便利な砦に居住できれば理想的であろうが、そこにはすでに地域を治める権力者がいた。いわば軍事基地内に住まわせてくれというような希望が叶えられるわけはない。しかし、その外側に居住し、砦と同様の防備壁でつなげれば、外見上砦と商人の定住地とは区別がつかないから、おそらく彼らは砦の壁の外側に勝手に住みついたのであろう。しかも砦の支配者にとっても、商人の隣接地への居住は物資の調達には何かと便利である。結局、砦と商人の居住地の間の壁は取り払われ、都市の原型ができたと考えられている。

市場の成立

　ちなみに、砦内には司教座と呼ばれるキリスト教の布教拠点があった。宗教と防備拠点の併存は不思議に思われるかもしれないが、無防備の聖職者にとって武力の守りは心強い。ローマの国教であるキリスト教の拠点は兵士にとって心の拠り所でもあり、砦を攻めることがキリスト教の施設を攻めること、すなわちキリスト教の敵となるとすれば躊躇するであろうから、そうした意味でもキリスト教施設の存在は意味があったと思われる。加えて、防備する者たちの勢力範囲を維持拡大したいと思う気持ちと、キリスト教の教えを強化し広めたいという気持ちには共通点があった。しかも、聖職者が

写真９－４　司教座ドーム

写真９－５　聖ガンゴルフ教会

地域住民と接し、布教する中からもたらされる地域情報は地域を守るものにとっては重要な情報源でもあったと思われるのである。

司教座で祝祭日にミサが行われ、砦内の兵士だけでなく近郷近在から人が集まった。遠くからやってくれば、のども乾くし、お腹もすく。そうした人たちは、持参した収穫物と交換でそうした欲求を満たしたり、地域内で調達できないものを手に入れたのであろう。ここにメッセと呼ばれ、今では大市と呼ばれる特産物市のルーツがあると考えられている。メッセの語源はミサなのである。歳月を重ねてくると年に数回の市の開催では必要なものの調達には不十分だし、市場の施設だって年数回ではもったいない。というわけで、特産物を扱うような年数回の大市は残ったが、それとは別に次第に日用品を扱うような週市が生まれ、毎日市へと育っていったという。これが古代ローマ時代の砦から始まった古代都市を起源とした経済活動の拠点、中世都市の成立過程であると説明すれば納得していただけるであろうか。

しかし、仮になるほどと思われても、それではこれまで勉強してきた教科書には、どうしてこうした中世都市成立のプロセスが書かれていなかったのかという疑問にもつながらないだろうか。それは簡単な理由なのである。例えば世界史の教科書では人類の進化から始まり、突然オリエント文明が登場し、その社会の説明をする。しかしどういうプロセスでオリエント文明が生まれたのかという説明はない。部族間が争い勝った側が負けた側を奴隷にするという行為を繰り返せば、ごく少数の支配者と大多数の奴隷による社会が生まれることは頭の中でわかっていても、実証はできないのである。す

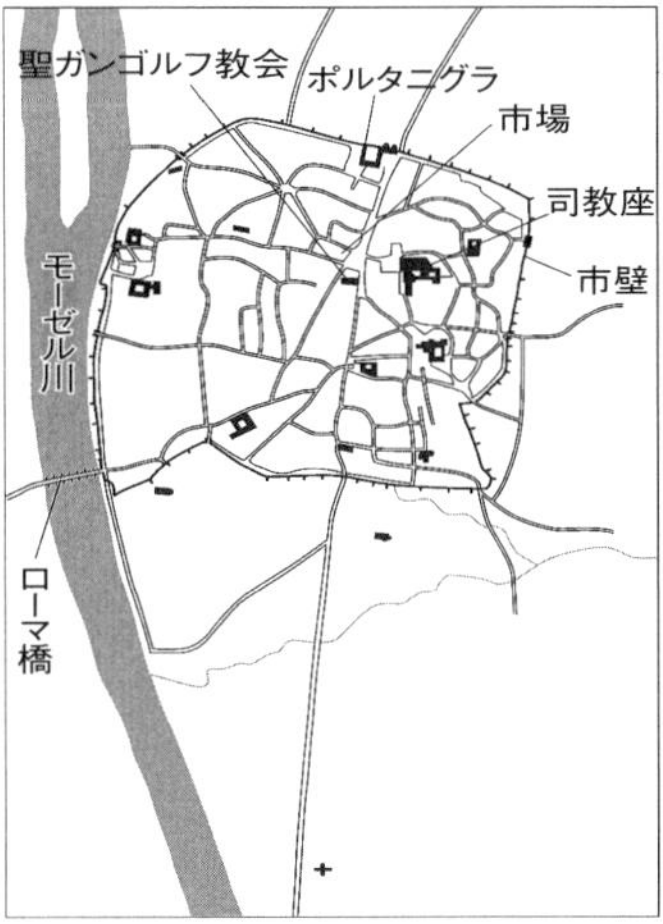

図9-3　中世都市トリア

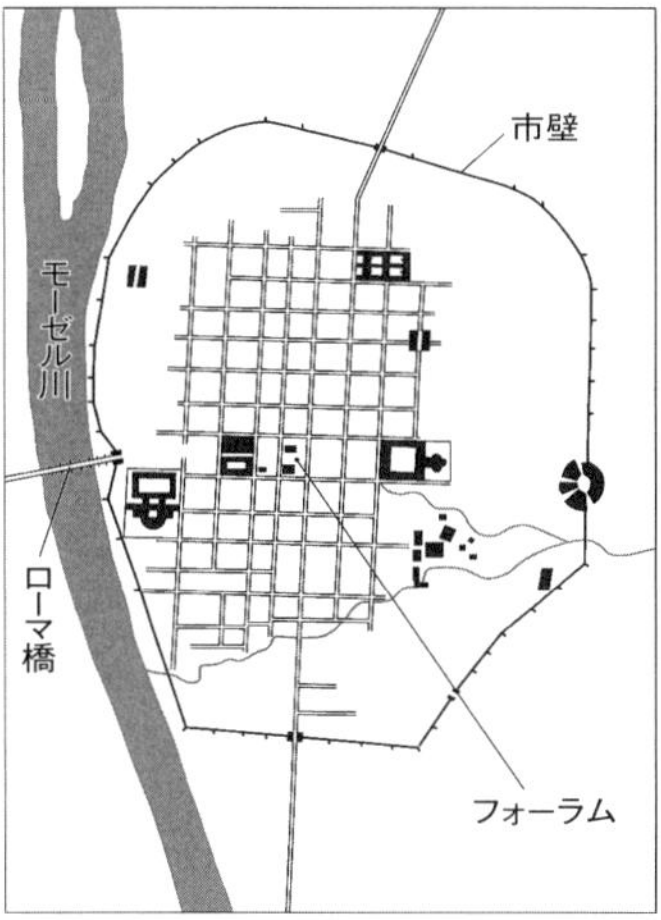

図9-2　古代都市トリア

写真9-6　地図上のモーゼル河にかかるローマ橋
橋桁は古代のもの

なわち頭の中で推理される理論仮説はもっともなものであっても、実証されない限りただの仮説に過ぎず、事実を記載する教科書にはなじまない。それは中世都市の成立過程も同様なのである。

古代都市トリアと中世都市トリア

長々と中世都市の成立過程について述べてきたが、ここで知っていただきたいことの一つは、同じ場所に位置していても古代都市と中世都市は異なるということである。トリアは長城の防備拠点の都市ではないが、ローマから防備拠点への人や食糧、武器などの補給拠点の一つであったと考えられている。しかし、古代のトリアと中世以後のトリアを比較すると、モーゼル河に隣接し、南北に通ずる道路の位置、中世には少し小さくはなったが市壁などから見て、同じ場所にあるのに、都市内の道路は古代が碁盤の目状であり、フォーラムという政治集会の場が中心にあったのに対し、中世の市内には教会や市場広場が配され、その道路は不規則になっており、あまりにも違いすぎる。これは何を意味するのか、毎年授業で学生たちに問い、説明してきたことである。すなわち、こうした状況が生じるのは、この都市が少なくとも一度住民が逃亡し放棄して破壊された後に、「再建」されたと考えられるということである。史料によれば、五世紀頃、人口は十分の一にまで減少したという。一時的には市民が不在になったこともあったのではなかろうか。

ヨーロッパの古代と中世は連続か、断絶か

世界史の授業では、ヨーロッパの古代というと、ギリシア、ローマの社会を学ぶ。しかし、中世社会となると、イタリアは含まれるにしても、中心はイギリス、フランスあるいは神聖ローマ帝国など西側に移動する。これを現代につながる歴史的な過程と考えると、日本でいえば、古代は九州、中世は関西、近世は関東と地域を変えてつなげて日本の歴史といっているようなものではなかろうか。単純につながらないことは確かである。

古代の奴隷を使用した生産は、平和な時代の訪れとともに奴隷の供給が不足し、奴隷は家庭をもてず子供を残さないから、労働力である奴隷は減少するばかりであった。しかしだからといって、奴隷によって生産が行われている地域の中で、奴隷を解放し、家族をもつことを許した新しい生産の仕方を実行したら、おそらくは周辺の奴隷主につぶされてしまうであろう。新しい生産は旧来の奴隷による生産を行っている地域から離れた地域でなければ実現できなかったのである。

都市トリアの市内道路の変化も、破壊された都市が再建されたというよりも、新たな都市が建設されたというべきで、同じ場所にあっても古代と中世には断絶があったことを物語っていると思われるのである。市民が不在かわずかしかいない時を境に、社会が変わり、都市トリアも外見だけでなくその性格も変えたと推測される。すなわち、ローマ帝国の防備最前線の拠点への人、物の補給拠点から地域の中心地に変化したのではないかと考えられるのである。というのも、日本人がアユタヤに作っ

た日本人町のように、ただ、地域の珍しい物産を日本に送るだけの、地域にとって必要でないまちは結局その存在意義を失い、ただ遺跡として残るだけのように思われるからである。単に物資の補給中継地ではなく地域の中心としての機能をもっていたからこそ、ローマ帝国崩壊後に復活できたと思うのである。

蛇足ながら、中世の西洋では何かの事情で食料が不足したり余ったりした時や、地域で調達できないもの、例えば塩等は外部社会との商取引が生じたが、基本的には都市の市民が必要とする食料を農村で生産し、地域の農民が必要とする手工業製品等を都市の手工業ギルドが生産するという都市と周辺農村がワンセットの自己完結型の社会を形成してきた。それに対し日本の江戸時代では、例えば酒は関西の灘や伏見、醤油は主に関東の野田などで生産され、遠方から商品が往復した。そのため、広い地域的な消費に対応してそのニーズに応じた商品配分などが行われていた。すなわち卸売りや仲買などの中間商人が活躍していたが、西欧ではそれは遅かったと考えられている。

おわりに

ヨーロッパの近代市民社会の源流はどこまでさかのぼれるのか。この問いに対し、諸説はあるが、社会としてはギリシア、ローマの文化やキリスト教などの継承はあるにしても、都市トリアが直接的にさかのぼれるのは、おそらくは五世紀頃までであり、国家でいうなら、フランク王国カール大帝までであることを暗示しているように思える。世界史を勉強していた高校時代には疑問にも思わなかった古代から中世への変遷がストレートに連続しているわけではないことを、都市トリアは市内道路等の変化から示してくれているように思う。

第二部　ヨーロッパ都市編

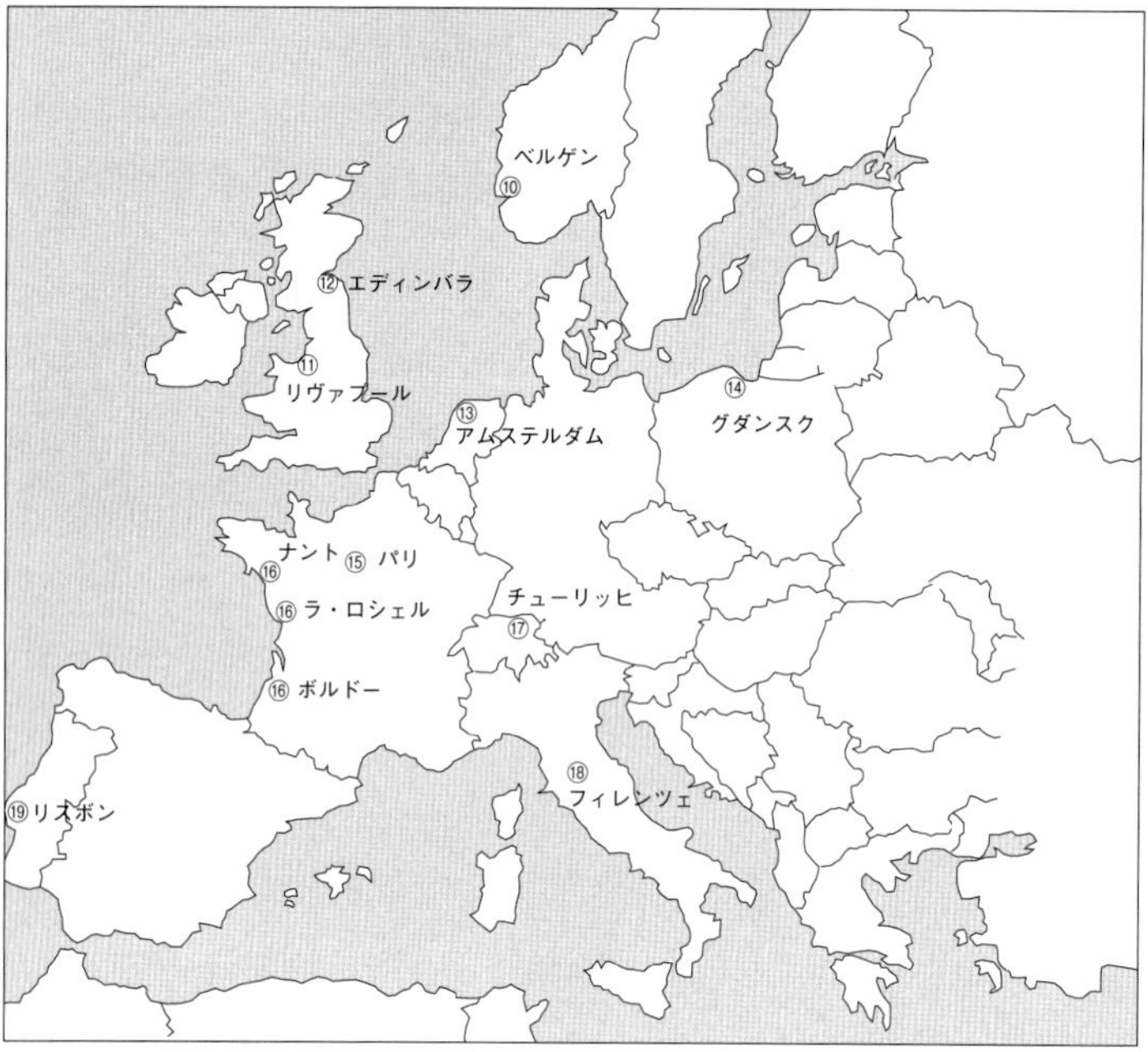
ベルゲン
⑩
⑫ エディンバラ
⑪
リヴァプール
⑬
アムステルダム
⑭
グダンスク
ナント
⑮ パリ
⑯
⑯ ラ・ロシェル
チューリッヒ
⑰
⑯ ボルドー
⑱
フィレンツェ
⑲リスボン

第十章　ノルウェーの古都ベルゲン

はじめに

ベルゲンは、北欧スカンディナヴィア半島の西側にあり、北海に面したノルウェーの古都で、現在では観光が主力産業である。ハンブルク滞在中の二〇〇二年六月に初めてベルゲンを訪れた。ハンブルクは、毎日雨模様でセーターを着ても寒かったので、さらに北のベルゲンはさぞかし寒いだろうと厚着をして空港に出かけた。いよいよ飛行機に乗り込んでみると搭乗している客の服装は半袖が多く、とても北の都市へ向かう服装とは思えなかった。しかも、上空から眺めてみると下には雪原が広がっていた。ところがベルゲンに到着してみると、ハンブルクの気温が十度程度しかなかったのに、なんとベルゲンの空は晴れ上がり二十八度もあり、確かに半袖で十分なのであった。通常真夏でも二十度程度の過ごしやすい気温で、この暑さは例年にない異常気象だとは聞いたが、それにしてもこれほど北の都市がなぜこんなに暖かい、いや暑いのか、まず、到着した時の素朴な疑問であった。

ベルゲンという都市

十三世紀にはノルウェーの首都であったベルゲンには、いわゆる「ハンザ同盟」の四大商館の一つが置かれていた。ハンザ商館では、ドイツ人商人等によって活発な商取引が行われるなどベルゲンは交易の拠点であり、漁業基地でもあった。十四世紀まで鰊の漁場はスウェーデン南部のバルト海スコーネン海域が中心であったが、日本の北海道が経験したようになぜか急に鰊がとれなくなり、中心の漁場は北海側のノルウェー沖に移った。その結果北海に面したベルゲンはその漁業基地となり、集められた大量の鰊は塩漬けにされヨーロッパ各地に輸出された。この他大量の干鱈もまた商われた。冬の厳しい北欧では食料の備蓄は生きていくために必要不可欠のものであり、各地で需要があったのである。

ベルゲンは現在人口約二十六万人、都市圏人口四十万人弱を有するノルウェー第二の都市であるが、十九世紀に至るまでノルウェー最大の都市であった。市内の海辺のブリッゲン地区は古い街並みが整備されて残り、世界遺産にも指定されている。裏山のケーブルカーで上がったフロイエン山山頂から眺めるベルゲンの街も美しい。近隣には十八世紀初めの大火で焼失し、後に再建されたものではあるが、「ハンザ同盟」時代のハンザ商人の生活ぶりのわかるハンザ博物館もある。ノルウェーを代表する画家ムンクの作品が充実しているベルゲン美術館、市の中心部からベルゲン湾を北西に伸びた半島の先には、北の海に生きる巨大な魚を鑑賞することができる水族館もある。さらに港を北に上がると、

写真10-1　日干魚の木像

この都市の創設者ホーコン王の館とそれに隣接して十六世紀にベルゲンの知事によって建設されたローセンクランツの塔がある。市内にはこのように豊富な文化施設も点在している。

市の中心部にある一般向け魚市場フィッシュマルクトでは、海老やサーモンなどを中心に新鮮な魚が多数商われていた。そこでは一九四六年創設の七学部を擁し、約一万六千人の学生が在籍するベルゲン大学に留学しているという日本人留学生がアルバイトで、当地の名物フィッシュケークを販売していた――ちなみにベルゲン大学の文学部には日本語学科もあるという――。フィッシュケークは日本でいえば魚の練り物にあたる加工食品で、できたてを市場で地ビールの「ハンザビール」を飲みながらいただいた。程良く塩味のきいたしんじょを揚げた、さつま揚げに似た日本人の口に合う食感と味であったことを覚えている。美

写真10－2　ハンザ博物館

味しかった。

市の郊外には作曲家として有名なグリークが二十年以上生活していたという家があり、敷地内には博物館が併設されている。その途中には、森を分け入って進んだ先に三角形を組み合わせたような不思議な姿の木造教会ファントフト・スターヴ教会もある。焼失後一九九七年に再建されたものではあるが、十二世紀の姿が再現されている。しかし、どちらにしても車以外ではとても行ける距離でないため、オンシーズンには世界中から集まる観光客に対し、循環バスが出る。夏場にはグリークの博物館内のコンサートホールで有名な演奏家によるコンサートも行われるという。

二〇〇二年に訪れた折にもすでに観光客は多かったが、夏休み前の時期だったからであろうか、まだ都市内は市民生活中心に動いていたように思われた。港近くの海鮮レストランの屋外のテーブルで山のように盛られた日本でいえば甘海老の殻を剥き、傍らに置いたバケツにそれを入れながら白ワインをいただいた。甘海老だけでお腹がいっぱいになるほどであった。二〇一三年に再訪した折にも同様の食事を求めてまちを歩いてみたが、どう見ても観光客相手の店ばかりで、外に置かれたメニューを見て海鮮料理店に入ってみたが、かつてのような豪快な料理ではなく、味も十分に満足できるものではなかった。

フィヨルド観光

ベルゲンを訪れた観光客の多くは、氷河が削り取った深い谷間であるフィヨルド観光に出かける。そのうち有名なソグネフィヨルドへの観光は、ベルゲンからは鉄道でヴォス迄行きそこからバスでグドヴァンゲンへ行く。そこで船に乗り換えてフィヨルドを巡りフロムへ、そこからさらにフロム鉄道という山岳鉄道に乗る。途中水量の多い大きな滝の前で列車はしばし停車し水しぶきの中その雄大な滝を楽しみ、終着駅ミュールダールでオスロ行の幹線の列車、通称ベルゲン急行に乗り換えて夜遅くオスロ着というコースが定番である。

最初に訪れた折、ナットシェルと呼ばれるこのコースの周遊券を購入してベルゲンから列車に乗った。主要な観光を終えてミュールダールでオスロ行の急行列車をホームで待つ間、観光客と立ち話をした。その際、オスロ行の列車は指定席しかなく、指定席券がないと乗れない列車だという話を聞いた。聞けば五号車の指定席券を持っているという。ベルゲンの駅でオスロまでの列車に指定席の予約

写真10－3　ソグネフィヨルド

写真10－4　雪が残るオスロへの車窓

は必要かと尋ねた際には、駅員は予約しなくても大丈夫と言っていた。しかし、駅には多くの客もおり、これでは列車に乗れないかもしれない、そうなると今日オスロには着けないから、宿はどうしようかなどと考えているうちに、予定の列車がホームに入ってきた。ところが、三両連結の短い編成なのである。五号車などない。ドアに車掌が立ち長いホームに散在していた多くの客たちに早く乗れと指示をする。座席指定のチケットを見せている人にも、とにかく乗れ、空いている席に座れと言っているように聞こえた。座席指定予約をしていないと告げると、禁煙席がよいか喫煙席がよいかと聞かれ、禁煙と答えると禁煙車両のやはり空いた席に座れと言われた。列車が走り出すとすぐ車掌が検札に来て、指定席料金を請求された。その時思ったのは要するに指定席制にすることによって、指定席料金を上乗せし増収を図るとともに、乗車人数を把握してその必要に、応じた車両編成にしているのではないかということであった。

ベルゲンを訪れる一カ月ほど前に、ハンブルクの東方二百キロメートルほどの旧東ドイツ地域にあるシュトラールズントという都市の対岸にある、リゾート地として有名なリューゲン島に出かけたことがあった。島といっても今では橋でシュトラールズントにつながり、鉄道も島の突端のリゾート地ザスニッツまでつながっているのだが、とにかく寒い日であった。そのリゾート地に向かう列車は十一両編成ではあったが、客は数えてみたら三人しか乗っていなかった。しかし、ドイツの駅に行けば各列車の編成まで明示されている。日本のＪＲ同様客が多かろうが少なかろうが、同じ編成で運行されるのである。おそらくは現実的なノルウェーと几帳面なドイツ、一概にどちらがよいとはいえないが、近くの国でありながら考え方は違うものだと思った（シュトラールズントについては六章参照）。

ベルゲンはなぜ暖かいのか

日本にいると島国でありながら、あまり海流のことを意識することはないように思う。せいぜい、海流に乗ってやってくる魚との関連で頭に浮かぶ程度である。十四世紀から十五世紀にかけて鰊の漁場が変わったのも、おそらくは海流や気候の変動によるのであろう。この程度のことは考えたが、海流による気温への影響など考えたことはなかった。気温差の原因は他にもあるのかもしれないが、山を越えた内陸部では雪原なのに、ベルゲンは暖かいというより暑いくらいという気温差の原因はやはり暖流の関係のように思えた。暖流の流れはこれほど温暖な気候を作り出すのであろうか。どうしても日本にいると、緯度が高いというだけで寒いと思ってしまうが、決してそうではないということを北欧ベルゲンで学んだ。ノルウェーの中でもベルゲンに人口が集まったのも、港としての機能だけでなく気候に恵まれていることが影響したのであろう。雨が多いのもベルゲンの特徴の一つであるが、それも暖流と関係があるらしい。降った雨の一部は川となって海に注がれ、川がもたらす養分が沿岸の漁場を育てる。有力な漁業基地として成長してきたのも海流とともにそうした環境があったからであろう。

日照時間が少ないヨーロッパでは、自然現象や気候の変化は農業に大きな影響を与える。農作物の不作によって充分に栄養が採れなければ、体の抵抗力が低下し伝染病蔓延の一因にもなるであろう。また、実際に例えば十八世紀に火山爆発による噴煙が上空にあって太陽光線を遮った状況下で各地で農作物が不作となったことがあった。それによる飢饉は市民革命などの遠因になったといわれている。現在では、少なくともフランス革命もそうした天候異常と不作が遠因になっていると考えられている。社会の変化を考える際、気候のことなどはあまり考慮されることがないように思われるが、実際にその時代の社会に生きる人たちにとってそれは大きな問題であったことを実感した。

おわりに

市内に歴史的建造物も多く、美しい都市ベルゲンは、北に位置しているのに気候は穏やかで、博物

写真10－5　フロイエン山山頂からのベルゲン市内

館や美術館なども充実した文化的な都市であり、海産物は美味しい。おそらくは総体的に気候の厳しい北欧にあって生活上快適な都市ともいえるであろう。漁業を除けば特に主だった産業のないベルゲンにとって、観光は都市経済の活性化のためには不可欠のものであろう。とはいえ、いくら気候が温暖だといっても一年を通じてコンスタントに観光客を維持することは難しい。おそらく冬の観光客は少ないであろう。ベルゲンが大好きという若者に話を聞いたが、彼の滞在は春から秋にかけての半年だけだといっていた。「現実的」なノルウェーでなくとも短い期間に世界各地から大量に観光客が訪れるようになると、その時期にはおそらくは観光地への遠距離列車の車両は増結されたり、市内、周辺の交通手段が増発されたりと来訪者には便利になることは事実であろう。しかし他方でそうして訪れた大量の観光客に対し、市内では短期集中で稼ぐ店が増え、食事の質やサーヴィスの低下が生じ、本来の静かで素朴でおおらかであった都市の魅力が失われていくことも少なくないように思われる。それはベルゲンでも感じたことである。こうした傾向を残念に思うのは筆者だけであろうか。

第十一章　イギリス中部の都市リヴァプール

はじめに

数年前に、スコットランドのエディンバラからレンタカーでハドリアヌスの長城から湖水地方を巡りリヴァプールへと旅した。湖水地方ではワーズワースの家や博物館、『ピーターラビットのお話』で有名な作家ビアトリクス・ポターゆかりのギャラリーなどを巡り、マナーハウスに宿泊する機会があった。あいにく天気が良くなく、夏だというのに肌寒いくらいの気候ではあったが、天気の悪い分観光もそこそこにして少しのんびりできた。そうした折に思いをはせたのは、いつも授業で話している中世のマナーすなわち荘園の成立から崩壊までの過程であった。しかもそれは、車での移動の最終地リヴァプールでのその後のイギリスの大発展に連動する産業革命の展開へとつながっていったのである。旅行中に思いを巡らせたことの一端を述べてみたい。

荘園制の成立

人口が増加すると食料不足になる。増加の結果生じた余剰の人口は外地へ出て開墾し食料増産に励まなくてはならなかった。同時に、既存の農地からより多くの農産物が得られるよう、単位面積当たりの収穫量を増やすべくより効率の良い生産方法が考えられた。すなわち、中世後半には耕地全体を三区分し、それぞれ三年毎のローテーションで二年にわたり異なる作物を育成し、三年毎に一度休耕地を作る三圃式農法という集団で耕作する農業が行われるようになった。おそらくは、それをリードしたのは修道院等で実際に農作物を育てていた聖職者であったであろう。

集団で耕作するとなると、農民の協力体制を維持することが大切であり、農民内部からは全体の活動に協力しない者を仲間から排除し、一切の協力関係から除外する「村八分」によって、その動きが抑制された。集団の一員として農作業に従事しなければ生きていけない時代のことであるから、それは有効な抑止力となったであろう。しかし、それでも従わない者がいた時には逮捕し、裁判にかけ制裁しなければ全体の統制はとれない。それを行ったのが荘園領主であった。そうした警察権の行使には武力が必要な場合が少なくない。武力は内部秩序を維持するのと併せ、外部からの侵入者に対する防衛力としても機能する。そうして、内部秩序を維持し、外敵から農民や農地を保護することを名目に、領主は貢納や地代を農民から徴収したのであった。

生産された農産物は都市に集められ、市民に食料を供給し、都市は農民たちに必要な農機具や生活品、地域では調達できない例えば塩といったものを供給した。都市では家屋や居住地などの不動産は自由に売買され、貢納もなく、市民は自由を享受したが、農村では領主下での統制された秩序の下で農民の自由も制限されてきたのである。西洋の中世では、都市と農村は全く異なる世界を展開していたのである。

荘園制の崩壊

荘園の成立当初には地代としては、農民が任された農地から収穫された主に穀物などの生産物で納める地代のほかに領主の直営地を無償で耕作する労働地代があった。しかし、いわば「ただ働き」であったから、農民は収穫次第ではより多くの農産物が自らのものとなる農地では熱心に耕作したが、直営地では適当にしか働かない。それならば、直営地も農民たちに分割貸与して生産物で納めてもらった方が領主にとっても農民にとっても都合がよいように見えた。その結果農産物で地代を支払う生産物地代が主流となっていく。

十五世紀後半、人口減少は都市で激しかったが、荘園においては農地を耕す農民が減少し、領主は少ない人数の農民にこれまでと同様の地代、貢納を要求するか、少ない農民に応じて少ない地代、貢納で我慢するかを選択しなければならなかった。前者を選択した領主に対しては過重な労働を強いられることとなる農民の蜂起が生じ、領主層はそれに対し武力を整え、鎮圧をしなければならなかった。領主は農民からの収入を確保できないだけでなく、武器の購入などの支出も増大して経済力を低下させた。少ない収入での我慢を選択した領主も当然のことながら経済力を低下させた。経済力の低下は支配力の低下につながる。

このようにして農民たちが領主支配の下、共同で耕作する荘園制そのものの変化が始まった頃、農民の末端にまで貨幣経済が浸透し、地代も貨幣での納入に変化していった。生産物地代は領主側にしてみると貯蔵、保存の必要があるとともに販売する手間もかかるため、腐らずわずかなスペースで保存しやすい貨幣での納入の方が都合がよかったのである。そのような時に、人口の再増加が始まった。需要が増加したのに農産物の増産は進まず、貨幣の悪鋳や新大陸から大量の金銀の流入による金銀そのものの価値の下落によって、物価は上昇し、相対的に貨幣価値は下落した。その結果農民が貨幣で納める定額の地代や貢納は事実上低下し、領主の地代収入は減少した。貨幣での地代支払いは農民を農地への拘束からも解放した。農民は、農産物で納めるのでないから必ずしも農業をしなくてもよい。手先が器用なら手工業品を生産販売してもよい。結果として、農民の一部は農村手工業に従事することによって不要な農地は売却され、その農地を購入し広い農地に農民を雇用して耕作させる新しい地主があらわれ、それまでとは異なる地主・小作関係が登場し、荘園制は大きく変化する。

農村手工業は、公には認められていない非合法での生産ではあったが、地域住民の一定の需要に対して親方中心の一定の生産者が同品質、同量の商品を地域内で独占販売する都市の手工業者の同職組合ギルドと異なり、自由であった。分業による商品生産が採用され、自由に品質改良、価格の低廉化が進められた。ギルドで親方にはなれない熟練した技術を有する職人を迎え入れ、その技術を取り込み、改善して良質で廉価の商品生産を実現していったのである。そうした手工業品を経済力の向上した農民は地域をこえて購入した。それは、封建制の象徴の一つでもある都市の手工業者ギルドの地域独占を破壊し、発展していったのである。荘園、手工業生産の変容が封建制から近代資本制社会への一つの道筋でもあったことは、十三章「オランダの首都アムステルダム」で改めて述べたい。

イギリス産業革命

イギリスで産業革命が生じたのは、一七五〇年代の農業不作による穀物価格の上昇によって、穀物を給料で購入して食生活を維持する工場労働者の賃金を上げざるをえなくなったのが発端であった。すでに市民革命によって自由競争社会であったイギリスでは、同品質なら安いものが売れるし、それを実現しなければ生き残っていけない社会が展開していたから安易に商品の値段を上げることはできない。商品価格の値上げを避けるための方策として、賃金が上昇した労働者数を少なくすることによって人件費を抑制することが現場で考えられ、それは作業の一部を担当できる機械の発明につながり、その導入によって結果として良質、安価な商品の大量生産を実現できたのである。

大量に生産する上では工場を建設し、原料を購入し、労働者を雇う資金すなわち資本が必要である。イギリスでは、植民地から金銀財宝がもたらされただけでなく、十七世紀末には信用を保証し資金を提供してくれるイングランド銀行が創設され、その資金の投入でより低廉で良質な商品が大量に生産された。しかし、異なる生産者が同様なものを生産した場合、同じ品質のものであれば、安い方が売

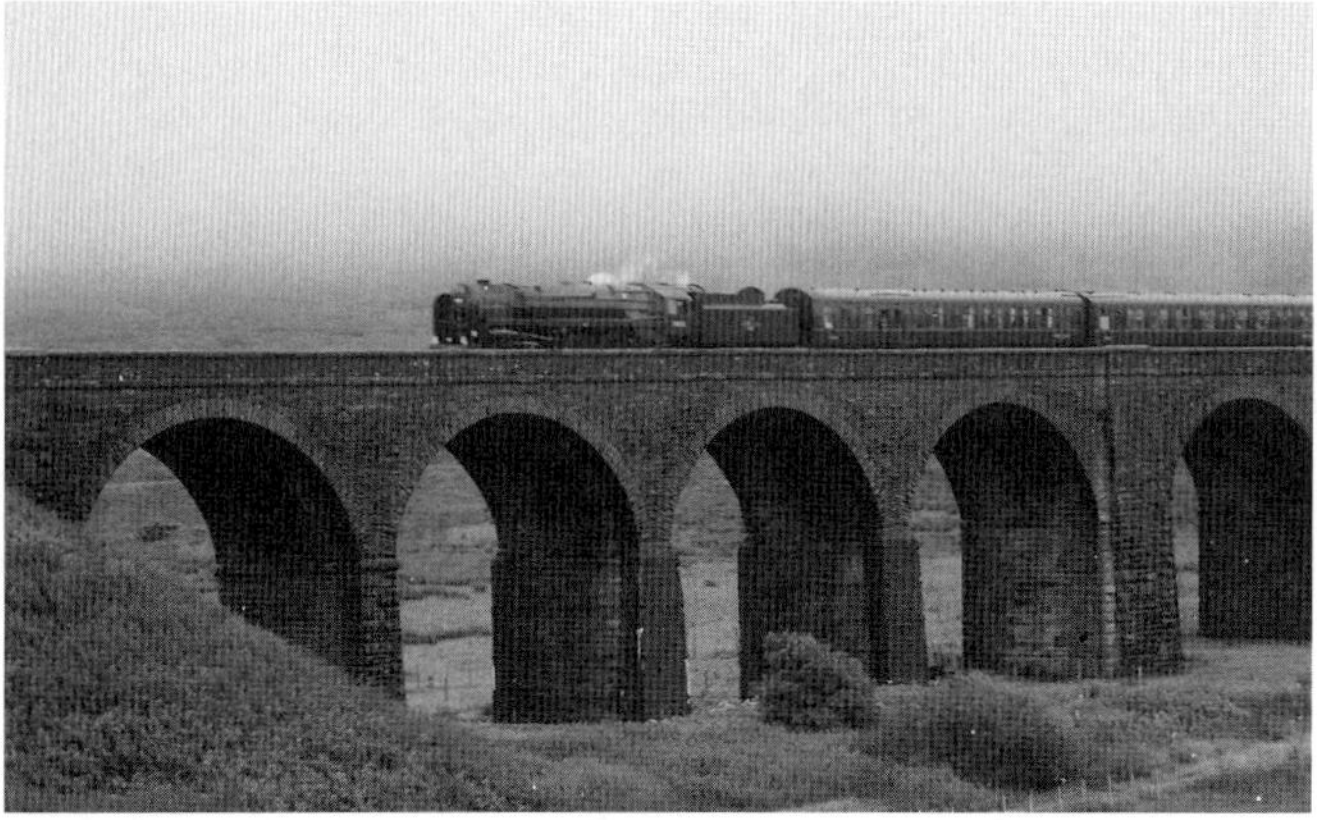

写真11-1　エディンバラからリヴァプールへの移動途中で偶然出会った蒸気機関車

れる。原料価格など生産費の節約ができなければ、利幅を抑えることによって商品価格の低廉化をはかることになろう。利幅を抑制して利益を今まで通りあるいはそれ以上に確保しようとすれば、増産するしかない。値下げ競争と増産に次ぐ増産の結果は国内市場の需要を超えた生産につながった。イギリス国内市場は他国に比べればはるかに充実していたが、その需要を上回る供給となれば、他国市場の開放を求め販売するか植民地で売りつけるほかはない。各国が競って植民地を求めた理由の一つである。それでも売り尽くせなくなった時恐慌に至ったのである。

世界史でイギリス産業革命というと日本ではワットの蒸気機関の発明など、いつだれがどんな発明をしたのかを覚えるというイメージがあろうが、やはりその産業革命成立の過程を知ることは重要なことであるように思った。

写真11-2　リヴァプール・キャバーンクラブ前のジョン・レノン像

都市リヴァプール

荘園制から産業革命までのことを長々と書いてしまったが、話をリヴァプールに戻そう。リヴァプールは現在人口四十五万人弱のイングランド北西に位置する都市である。ロンドンからは特急列車で約二時間半の時間距離にある。リヴァプールといえば、昔は奴隷貿易の港として栄え、産業革命の中心地の一つで綿工業が盛んであったマンチェスターと一八三〇年には鉄道で結ばれ、一八五〇年には人口はすでに三十七万人余にも達していたという。綿織物が輸出された港というイメージが強かったが、今やビートルズのメンバー全員の故郷という方が有名であろう。まちを歩いてみると、市内にはビートルズのメンバーの像、ポスターや関連グッズなどがあふれていた。余談ながら、ビートルズは、筆者が研究対象としている北ドイツの都市ハンブルクで演奏活動を始めて世界的なアーティストに成長していった。不思議なもので何となく親近感を感じた。

リヴァプールからは特急列車でロンドンに向かった。線路等

写真11－3　ヴァージンの特急列車

の保守は旧来と変わらないが、その上を走る列車とその運行はヴァージンという別会社であった。航空会社を運営する会社らしく車内は飛行機内のように清潔感があり、好感が持てた。安全第一が旅客運送という点で心配がないのかは明らかではなかったが、その点は様々な検証の結果クリアされたのであろう。この路線は大都市間を結ぶ幹線であり、ローカル線は同様には考えられないかもしれないが、なかなか採算をとるのが難しいわが国の地方鉄道路線でも知恵を出し合えば、廃線以外の可能性や選択肢があるような気がした。

おわりに

イギリスといえば、いち早く現場からの産業革命を実現した国である。しかし、その背景には農村における農法の改良による農業の近代的な生産、すなわち少数の農民による農産物の大量生産の実現があったことを忘れてはならないであろう。しかも、蒸気機関の発明により陸上輸送に使用されていた馬が不要となり、その馬が農業の効率化に一役買ったというのも面白い。これにより穀物価格は低下して、一方で海外の安価な穀物に対抗できるようになり、経済政策は保護主義から自由主義に大きく転換することを可能にした。他方で都市の労働者に食糧以外の商品の購買を可能にさせ、農民たちにも購買力の向上をもたらした。それゆえに工場で生産されるようになった大量の生産物は国内で消費され、それでも余剰の商品は植民地に供給されて多大な富をイギリスにもたらした。このようにイギリス近代化に貢献した農村であったが、旧来の荘園制の象徴ともいうべきマナーハウスが維持され、宿泊も可能であるというのは興味深い事である。ヨーロッパには古城ホテルなど歴史的な建物に宿泊はできるが、農村を支配管理した荘園領主の館に宿泊できるのは、戦火を免れたイギリスの地方農村ならではのことであろう。

第十二章　スコットランドの古都　エディンバラ

はじめに

すでに前章でエディンバラからリヴァプール経由ロンドンへの旅行で考えたことを書かせていただいたが、最近のスコットランドの動向を眺めつつエディンバラについてもう一つ考えさせられることがあった。到着したエディンバラ空港はのどかな田舎の空港であった。タクシーで市内へ向かう際、空港のカートの留め金に一眼レフカメラを引っ掛けたまま忘れてきたことに気が付き、引き返してもらったが、ちゃんとカメラは保管されていた。大都会ではこうはいくまい。そんな経験をした後、市内のホテルに着いたが、その時エディンバラはちょうどタトゥフェスティヴァルの時で町には大道芸人や観光客があふれ、大変な賑わいであった。ちなみにタトゥといっても刺青ではない。軍楽隊の演奏パレードである。

そのスコットランドで二〇一六年にイギリスからの独立投票が行われ、僅差で否決されたものの、今度は投票でEU離脱が決まった。そのニュースに接して考えたことを少し述べてみたい。本来は

「リヴァプールで考える」でまとめて書くべきであったのかもしれないが、あまりにも内容が異なりすぎるので章を改めることにした。

スコットランド地方の名産品

スコットランドの名産品といえばキルトもあろうが、やはりスコッチウィスキーが思い浮かぶ。札幌に出かけた折にはしばしば立ち寄る「すすきの」のスコッチの専門店でいただく芳醇な香りのスコッチは、ほんの一口わずかな量を口に含み舌の上で転がすと、それぞれのスコッチ特有の「自己主張の味」が口いっぱいに広がる。我々が通常いただくウィスキーは複数のモルトをブレンドしたものだが、シングルモルトのスコッチウィスキーは同じ麦を原料とし、類似した水と製法で作られているはずなのに、どうしてここまでオリジナルな香りや味が作られるのか。おそらくは日本酒の地酒が米や水の違いなどで味が異なるように、水や麦の種類、気候や微妙な製法の違いにより異なる味が生まれるのであろう。しかし、それに加えてこの店の主人によれば味や香りのオリジナリティの一因は樽にあるという。醸造されたモルトウィスキーの味はそのウィスキーが寝かされる木樽の状況や種類によって大きく変わってくるのだそうである。

この地には、昔は三〇〇余の蒸留所があったというが、現在でも一〇〇弱の蒸留所があるという。それらで作られるシングルモルトのウィスキーは微妙な個性の違いを主張し、飲み手の好みに応じた喜びを誘い、そこには一瞬ではあるが至福の時が訪れるのである。そんなウィスキーには根強いファ

写真12-1　エディンバラの街並

ンが少なくない。まさに日本で各地の地酒の醸造所めぐりに人気があるように、スコットランドでも蒸留所めぐりのツアーが繁盛しているという。頷けることである。近隣での豊かな自然の散策もよいだろうし、ネッシーが住むといわれるネス湖への観光も楽しそうだが、好みのスコッチがあるならば、その蒸留所を訪ねてみるのも面白いのではなかろうか。

エディンバラという都市

イギリスは、イングランドとウエールズよりなるグレートブリテンとスコットランド、北アイルランドよりなる連合王国であり、スコットランドという「国」の首都がエディンバラであり、金融の中心都市でもある。今でもスコットランドは、通貨の発行権を有しており、事実スコットランド銀行発行の銀行券が使用されている。余談ながら、その二十ポンド札の裏側には市の近郊のフォース湾にかかる二五三〇メートルの鉄

写真12-2　エディンバラ城

道橋フォース橋が描かれ、その建設にかかわった三人の技術者が小さく描かれている。そのうちの一人は渡辺嘉一という日本人なのである。グラスゴー大学を卒業した土木技術者であり、後には現在の京王電鉄の経営にもかかわった人物である。

エディンバラは、スコットランドではグラスゴーに次いで人口第二の都市で約四十七万人を有する古い歴史をもつ。緯度が高い割には海洋性の温暖な気候に恵まれている。おそらくはノルウェーのベルゲン同様海流の影響があるのであろう（十章のベルゲン参照）。市の中心部にはキャッスルロックという岩山上の断崖絶壁の要塞エディンバラ城があり、歴史を物語る格調高い旧市街オールドタウンがある。また、こうした歴史的地区に対し鉄路を挟んで反対側には、十八世紀以降の都市計画により作られたニュータウンがあり、まっすぐな広い通りで長方形に各街区が区切られ整然とした街並みを成しており、こうした異なる「まち」が共存している都市エディンバラは世界文化遺産に登録されている。日本の京都と姉妹都市になっている。学術都市でもあり、その中心というべきエディンバラ大学は経済学者のアダム・スミス、進化論をとなえたチャールズ・ダーウィン、シャーロック・ホームズで有名な小説家のコナン・ドイルなど数多くの学者、文化人を輩出している。四三〇余年の歴史を有するこの大学には現在九つの学部が有り約三万人の院生、学部生が学んでいる。

ヨーロッパ社会の歴史的な大きな潮流

実は歴史的に見てみると、ヨーロッパでは大きくまとまろうとする動きと小さくまとまろうとする動きが常に交互に力をもってきた。古くは十一世紀、教皇グレゴリウス七世に神聖ローマ皇帝ハインリヒ四世が屈したカノッサの屈辱に象徴されるようにキリスト教を信ずる人々を、民族、言語を超えてまとめようとする力が、地域の王権に勝る力をもった。これを世界統治主義と呼んでいる。

少し形は異なるが、中世後期には北ヨーロッパの北海、バルト海商業圏では広範囲の地域の都市が集まりいわゆる「ハンザ同盟」を結成し、広い地域の商業を掌握したこともあった。しかし、それは小さくまとまった中央集権国家のオランダに敗れ、さらにオランダはたちまちイギリスに敗れ、面積から見れば小さな国イギリスが世界の頂点にたった。近世に入るとこのように小さくまとまった国家が力を持つようになったのである。

十五世紀にはフランス国王フィリップ四世が、教皇ボニファティウス八世を幽閉するという「教皇のバビロン捕囚」とも呼ばれるアナーニ事件が勃発し、フランスという言語上同一の地域内の統一が図られ、それは近世の絶対王政へと繋がっていく。小さくまとまろうとする力が大きくまとまろうとする力に勝ったのである。これを国民主義的世界の統一と呼んでいる。十九世紀には、小国分立であったドイツが一つの国家に統一されたが、その過程は関税同盟により国家間の関税の廃止から通貨統合へと進み、そして国家統一後は強国に成長することになる。二十世紀に入ってもバルカン半島のスラヴ人たちは民族、国家を超えてユーゴスラビアを建国した。しかしそれが破たんし、悲惨な戦争に発展し、結局小さな単位でセルヴィア、スロヴェニア、クロアチア、ボスニア・ヘルツェゴヴィナ、モンテネグロなどの国々が独立した国家となった。

現代においても一方においてEU欧州連合という国を超えて大きくまとまり、ユーロでの通貨統合という国ヨーロッパの動向がある一方で、近年にもわずかな票差で否決はされたがスコットランドの独立という小さなまとまりの独立への動きがあった。もともとスコットランドは独自の紙幣を発行しているようなイングランドとは別の国であり、現在のイギリスもまた大きなまとまりの結果成立した国ということもできるのである。

蛇足ながら、現代ヨーロッパで大きくまとまろうとする動きがEUを形成し、東西冷戦時代には考えられなかった東欧諸国も含まれるに至ったが、加入に必要な条件をクリアでき、しかも加盟を望んでいると思われるトルコはいまだ加盟していない。なぜなのか。それはEU内にはどこかにEUは単なる経済的なまとまりだけではない、ヨーロッパ＝キリスト教の世界、すなわちEUはキリスト教徒の大きなまとまりでもあるという認識があるようにも思える。トルコはイスラムの国であり、ヨーロッパ社会とは異なる社会であるかのような考えが根強く残っているのではなかろうか。

おわりに

小さくまとまろうとする動きは、「民族独立」を目指す動きとして世界中で見られる。ヨーロッパでもイギリスだけでなくチェコとスロバキアの分離やスペインの地方にも見られる。例えば、一地域の中に居住する大多数の同一民族が他民族と一つの国家を形成しているとすれば、それももし他民族がその国を動かす状況であるならば、それに対する反発として、その運動に理解はできる。しかし、それらが小さくまとまり自己利害を主張し始めるとまさに「足の引っ張り合い」になる。第二次世界大戦後にオランダ、ベルギー、ルクセンブルクがベネルックスの名で経済活動において共同歩調を取ったのもそうした弊害を最小限にとどめる目的があったように思う。ドイツは小国を統合することで強国に成長した。その拡大版としてヨーロッパでは、国の枠をこえて経済的に、通貨の上で一つの組織を形成することで、アメリカや中国といった巨大な国家やそれが形成する経済圏に対して対等に渡り合える組織の形成が図られてきたようにも思う。しかし、逆に連帯して力を増強すべく大きくまとまろうとすると、どうしても主導権を誰が、どの民族が、どの国、地方がもつのか、それによって反発が生まれたりもする。難しいものである。政治・経済・文化あらゆる部門で、民族や個人を大切にしながら大きなまとまりを作ることはできないものであろうか。

第十三章　オランダの首都アムステルダム

はじめに

ヨーロッパに出かける折、オランダのスキポール空港を経由することが何度かあった。そのまま乗り継いで目的地に向かういわゆるトランジットの時もあったが、特に帰国時にはアムステルダムに立ち寄ることは多かった。アムステルダムといえばオランダ最大の都市、首都で人口八十二万人、商圏人口二三〇万人の大都市である。これまで個別の都市で経験したことやそれから学んだことを中心に書いてきたが、本章ではアムステルダムで考えたことを書いてみたい。

アムステルダムで一泊する時には必ず立ち寄るリシウスという海鮮料理店がある。そこで出される魚介類はどれも美味しく、そのうちでも鰊が絶品であった。筆者の研究対象が北ドイツであるためドイツに滞在することは多い。その時に食べる鰊といえば、多くの場合ただ酸っぱいだけの酢漬けのもので、特に酸っぱいものがあまり得意でない筆者には美味しいとは思えなかった――最近ホテルの朝食でいただく味は少し改善されたように思うが――。リシウスに出かけるまでは、ドイツ人だけでな

写真13-1　アムステルダム中央駅前の運河沿いのビル

くヨーロッパ人の舌、味覚に疑問を感じていたので、リシウスで、オランダ流に上を向いて口を開け、頭と内臓を取った十二センチほどの生の鰊の尻尾をもってぶら下げて口の中に下ろしていく、この経験は筆者にとって鮮烈なもので、これまでの疑問を氷解させるものであった。生の鰊はそのまま食べても美味しかったが、それにちょっと醤油を垂らすとその味はさらに際立った。とにかく絶品であった。

日本でいえば、舟盛りともいうべき豪華に盛り付けられた海産物のプレートを前にしながら、世界貿易の中心地として繁栄を極めた時代のアムステルダムに思いを馳せた。しかし、オランダの天下は長くは続かなかった。その理由を考える時、そこには今の日本人が学ぶべきものがあるように思えたのである。

商業革命と価格革命

十五世紀末に新大陸やアジアへの海路の新航路が発見されるまで、アジアとヨーロッパの間の貿易では、東の中国、インドから現在のイスラエル辺りまで山岳地帯や砂漠など陸路を移動し、そこから地中海を西へと商品は運ばれ、南ドイツ銀で決済された。陸路は荒れていて、急坂や砂地では馬車などは使えず、商品は馬やラクダの背に載せて運ばれた。当然運べる量はわずかであり、輸送されたのは大きな利益の得られる嵩張らない高価な品に限られた。しかし、十五世紀末にポルトガルから始まった新航路の発見以後、船舶による大量の商品輸送が可能になり、東西間の主要商業路は地中海から大洋へと移り、貿易拠点もまたそれに都合のよい都市、国家へと移った。

当初、新航路発見に尽力したポルトガル、スペインが世界貿易の主導権を握り、十六世紀には大量の金銀がヨーロッパにもたらされるようになった。その結果、金銀の価値そのものが低下し、当時の経済に大きな影響を与えた。この時期には、黒死病等により減少していた人口は再増加に転じた。しかし、農産物など食料の増産は簡単にはできない。需要が大きくなって供給が拡大できないのであるから、軒並み物価は上昇する。それに輪をかけたのが貨幣の悪鋳であった。この頃には貨幣は農民の末端にまで浸透し、流通する貨幣を増やす必要があったが、金銀は一部の限られた有力者のもとに集中し、それ以外の権力者は財貨不足に苦しんでおり、結局金銀含有量の少ない貨幣を鋳造することで通貨量を確保するという急場しのぎの結果でもあった。

農民の納める地代や貢納は、すでに生産物で納める地代から定額の貨幣地代に移っていた。領主から見れば、農産物で納めてもらうと貯蔵する施設が必要であるし、それらを売却しなくてはならないが、貨幣納ならそのような手間もかからず都合がよいように考えられたのであろう。しかし、金銀の含有量の少ない質の悪い貨幣での定額の支払いは、事実上の減額納入になった。貨幣価値の下落と物

写真13-2　運河クルーズ

価の上昇という価格革命の結果、それまで経済的、政治的に力を持っていた領主層や彼らに金を貸していた旧来の商人が没落したのである。

収入を減少させ力を減退させた領主層と反対に、事実上地代が減少した農民たちには多少といえども蓄財が可能になっていく。しかも、農産物で納めるのでなければ、必ずしも農地を耕さなくてもよい。手先が器用なら手工業品を作ってその収入で支払ってもよい。

農村での手工業は、公には認められていない非合法での生産ではあったが、都市の手工業者の同職組合ギルドのように、一定数の生産者が地域に居住する住民の一定の需要に対して、同品質の商品を毎年同量生産して地域で独占販売をするものではなかったから、自由に生産の仕方にも工夫がこらされた。すなわち親方一人の技術によるのではなく、得意分野を分担して商品生産をするような新しい生産の仕方が採用され、品質の改良が行われ、価格の低廉化が進められた。親方中心の生産方式のギルドでは、職人として努力して技術が向上しても、親方の息子が後を継げば親方にはなれない。農村手工業はそうした熟練した技術をもつ者たちを迎え入れ、その技術を取り込み、さらにそれを改善して良質で廉

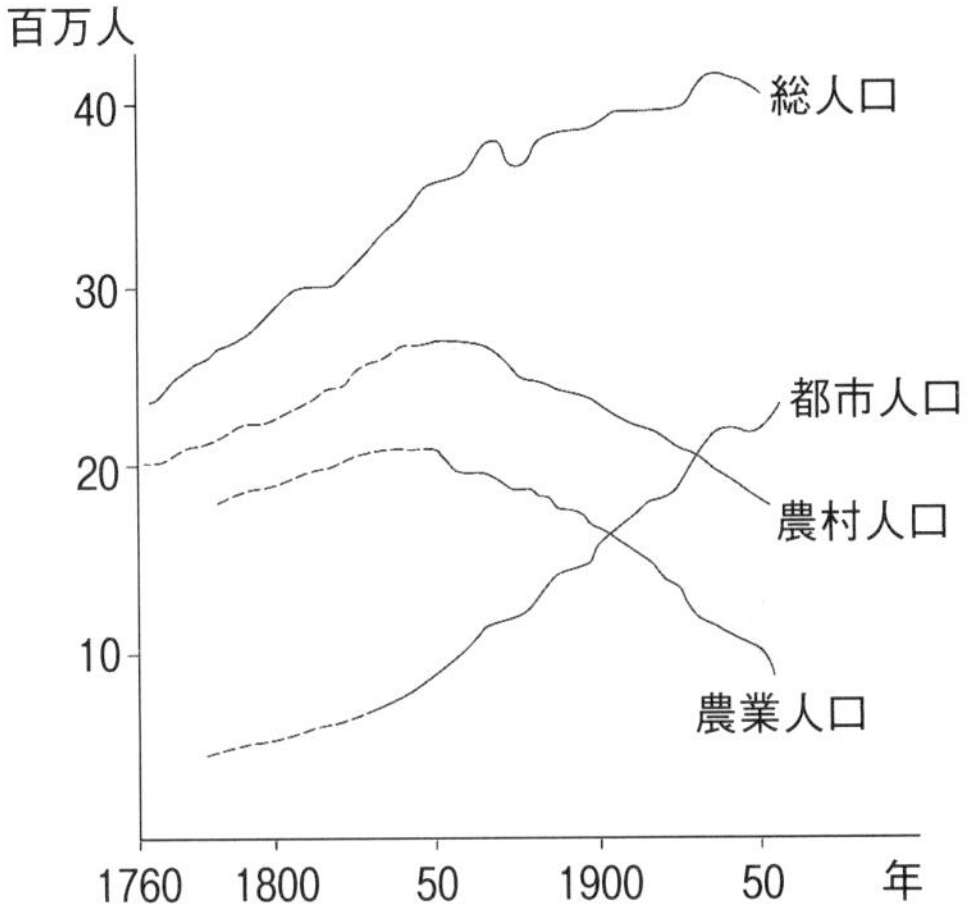

注）------は推測される最大値と最小値の中間

図13-1　フランスにおける農村人口の減少と都市人口の増加
出典）N.J.G. パウンズ、桜井健吾訳『近代ヨーロッパの人口と都市――歴史地理学的概観――』晃洋書房、1991年、25頁

価の商品生産を実現していったのである。そうした手工業品を経済力の向上した農民は地域をこえて購入した。それは封建制の象徴の一つでもある都市の手工業ギルドの地域独占を破壊し、発展していったのである。

グラフは近隣のフランスの事例だが、十八世紀中頃以降都市人口は確実にその割合、人数を増加させていくが、なお、農村居住者の数が多い。しかし、ここで注目すべきは農村に居住しながら農業をしていない人がかなり多くいるという点である。農村の非農業人口が農村手工業従事者ばかりとはいえないが、農村手工業従事者を多く含んでいたことは事実であろう。手工業者には農地は不要であるから売却される。するとその農地を購入し、広い農地に農民を雇用して耕作させるようなあたらしい地主があらわれ、それまでとは異なる地主・小作関係が登場する。このように貨幣の末端の農民への浸透と、その貨幣の価値の下落は封建制社会を根底から揺るがし、近代資本制社会への移行の第一歩になったのであった。

オランダ独立戦争

長々と大量の金銀のヨーロッパ流入を一因とした中世封建制の崩壊について書いてきたが、中南米からの金銀と引き換えにもたらされたのがフランドルを中心とする現在のオランダ、ベルギーなど低地地方で生産される毛織物であった。当初スペインの新大陸への進出は征服と略奪であったが、次第に西欧の商品、例えば低地地方の毛織物などを中南米にもたらし、金銀を手に入れる形に変わった。しかし、スペインが属領として支配する低地地方との関係は十六世紀中頃以降険悪なものとなっていった。スペインがカトリックであるのに対して、低地地方北部地域のオランダはプロテスタントの住民が多く、宗教的対立に加え、スペインの強圧的支配はオランダ独立戦争へとつながっていったのである。

オランダは、オレンジ公ウイリアム（オラニエ公ウィレム）とその子モーリッツの活躍でスペインに勝利し独立を勝ち取った。その戦闘の際スペイン統治時代には世界貿易の中心地であったアントワープ（アントウエルペン）は、港を封鎖されたことから貿易港としての機能を失った。それに代わってアムステルダムが世界貿易の中心地へと成長していったのである。ちなみに祖国をスペインからの独立に導いたのがオレンジ公であったので、オランダ代表のスポーツチームは大事な国際試合となればオレンジ色のユニホームで戦うことが多いのである。

オランダの勝利の理由

オランダは、自国ならびに周辺地域で生産された毛織物をただ植民地に運ぶだけで大きな利益を得てきたスペインに勝利して世界の覇権国家に成長した。オランダは、毛織物を生産し新大陸にもたらすだけでなく、フランス西部、ポルトガルからの塩を東欧、北欧地域にもたらし、他方反対方向の西方へはその帰り船で気候の厳しい東欧地域の穀物類を輸送した。実は、当時気候の良い南欧で食料が不足したからであった。というのも、土地も肥沃で日照時間も豊富な南欧では、穀物よりも大きな収入が手に入るオリーブやレモンなどの栽培が盛んに行われるようになったからであった。いわばオランダは南欧にとって食料を供給する必要不可欠の存在になったのである。そうしたオランダの中心アムステルダムは、まさに世界貿易の中心都市へと成長していったのである。

余談ながら、このようにオランダが力をもつようになった原動力として東インド会社があった。実はこの会社が現在の株式会社のルーツともいわれている。もともと、ヨーロッパでの取引は資金を出す者と商品を実際に輸送し販売する者が一度の商売で利益をあげ、分配して完了というものであった。その後、会社として社員全体が資金を出し合い、ともに働き四～五年程度取引を継続する企業形態が生まれた。この場合万が一負債が生じた場合には社員は責任を最後までとらなくてはならなかった。

これが現在の合名会社である。さらに、外部の資金提供を受け入れ、社員が実務を行う企業形態へと発展すると、社員の責任は同じだが、外部の資金提供者は会社が負債を作り、もしも倒産したとしても提供した資金は失うが、それ以上の責任を負わない、すなわち当然のことながら有限責任であった。これが現在の合資会社である。イギリスの東インド会社が公開経理、株主総会の実施、社員代表の公選制であったことなどの点で現在の株式会社と近い運営であったのに対し、オランダの東インド会社は、社長は国の任命制で、秘密経理で株主総会もないなど、現在の株式会社から見るときわめて不完全のものではあったが、一般からの投資を認めており、有限責任の取締役による永続会社であるなど株式会社につながる萌芽形態の会社とはいえそうである。

オランダ敗北の理由

話を元に戻そう。南欧における食料という生命線を掌握し、北海・バルト海を支配下に置いて、自国で生産した毛織物を新大陸にもたらし大儲けをしたオランダではあったが、瞬く間にその地位をイギリスに奪われてしまう。その理由の一つは、新大陸からジャガイモやトウモロコシといった荒れた土地でも栽培できる作物がヨーロッパにもたらされ、食料が不足した地域の食料事情が改善され、オランダだけに食料を依存しなくても済むようになったことがあげられる。しかし、重要なのは毛織物生産の原料である羊毛の供給地であったイギリスに、独立戦争で戦場になったオランダなどから多くの技術者が流出し、その結果オランダの織布技術や染色技術がもたらされたことであった。毛織物の

写真13-3　アムステルダム郊外の風景

完成品生産の技術さえあれば、原料で輸出するより利益は大きい。急速にイギリスはオランダのライバルとなりそれを凌駕していったのである。そうした状況下でのオランダはというと、いわばバブルのような繁栄の下で危機感を失い、しかも、七州よりなる民主的国家であったので、何事を決めるのも合議制で反対があれば決することができず、結局はイギリスが勝利していったのである。

おわりに

オランダは世界の覇権を握りながら、それは長くは続かなかった。その要因は毛織物の原料である羊毛の供給国であったイギリスが完成した毛織物を生産し輸出するようになり、オランダにとって競争国に成長したことにあったが、イギリスに敗北した原因の一つは、ぜいたくな生活の中で危機感を失い、ただ議論を重ねるだけで対抗策を打ち出すことのできなかったことであったという。いつの間にか周辺国が競争相手に成長しているのに、バブル景気の中で危機感を忘れ、ただ不毛の議論を続け、その後現状に至るわが国の状況はオランダの十六、十七世紀の状況に似ていないであろうか。ここには我々が真摯に学ぶべきものがあるように思う。考えすぎであろうか。

第十四章　ポーランドの古都グダンスク

はじめに

ポーランドのバルト海に面した古都グダンスク（グダニスク）は、現在人口四十六万人ほどのポモージュ（ドイツ語ではポンメルン）県最大の都市であり、ポーランド最大の港湾都市である。現在では、ポーランドを代表する観光都市でもあり、夏のリゾート都市でもある。もともとダンツィヒと呼ばれ、いわゆる「ハンザ同盟」の有力都市の一つであった。琥珀の産地としても有名である。二〇〇八年の夏にポーランドを訪れる機会があり、その折ワルシャワから列車で立ち寄った。グダンスクはハンザ都市史研究にとって重要でありながら、少なくとも日本の研究者にはなかなか研究情報が入らない都市でもあった。最近でも、ドイツ語や英語で書かれたグダンスクの経済や商業動向などに関連した研究論文等がないわけではないがきわめて少なく、日本においては現在でもグダンスクに関する都市史研究は主にドイツ語で書かれたハンザ史研究に含まれるものや、第二次世界大戦までの研究論文に頼るしかないのである。グダンスクを訪問した時、ちょうどドイツのメルケル首相がグダンスク

写真14－1　グダンスクの街並

を訪れており、両者の「近さ」を感じたが、ポーランドの都市についての研究成果がポーランド語で書かれることは当然のことであろう。これは日本のハンザ都市史研究者にとっては残念なことではあるがどうしようもない。そんなことを考えながら市内を散策した。

グダンスク市の歴史

一〇世紀には都市の原点となった砦が建設され、西欧の人口増加による食糧増産のため西欧からエルベ河の東部地域への東方ドイツ植民が行われ、バルト海沿岸に沿ってそれは進行した。そうした地域の中心地でもあったグダンスクは、十四世紀初めに十字軍の失敗の後、異教徒への布教を目指してバルト海を東進してきたドイツ騎士団の支配下に置かれた。その際西側からは当時最新の農業技術がもたらされ、文化も流入したと思われる。十三世紀にはすでに都市法を有する都市ではあったが、正式に「ハンザ同盟」の加盟都市と

写真14-2　グダンスク港の木製クレーン

なったのは十四世紀半ば過ぎであった。十五世紀中頃にはポーランド国内での自治権を獲得し、自由な貿易活動が展開された。他のハンザ都市同様に、遠隔地商業都市としてハンザ商業の東西貿易の拠点であり、ヴァイクセル川の河口に位置しその流域からもたらされる農産物の集散地であり、手工業の中ではビール生産が盛んな都市であった。特に近世に人口増加や商品作物への生産転換が急激に広まった南欧地域の穀物不足などにともなって、オランダが輸送した穀物の供給地となり、逆にグダンスクは大量の塩を西方フランスなどから輸入し、塩の生産ができない北欧やバルト海地域に再輸出していたのが知られている。十六〜十七世紀にはグダンスクは、ポーランド王国下で遠隔地貿易の中心都市として発展し、十八世紀には塩の輸入、再輸出量が急増し、同世紀後半には安定した取扱量で推移していたことが知られている。グダンスクは中世から近世にかけて内陸後背地だけでなく、東方ロシア、北方スウェーデンとのバルト海の中継貿易港として発展した都市であった。

しかし、十八世紀前半には一時ロシア領となり、十八世紀末には後にドイツ統一を果たすプロイセン領とされた。街並みがドイツ的なのは、以後プロイセン王国下で多くのドイツ人が流入したからであろう。そうした置かれた立場に目まぐるしい変化はあったが、市がポーランドに復帰するのはそれからなんと一世紀半後の第二次世界大戦終結後のことであった。戦争ではまちは徹底的に破壊されたが、戦後市民によって以前通りに街並みは再建された。

海岸沿いを歩きながら眺めるグダンスクは、港に面して歴史を感じさせる美しい建物が立ち並び、商品の荷揚げ、荷下ろしに使用したであろう古い木製のクレーンが中世から近世に貿易で繁栄したダンツィヒを思い起こさせるようなまちであった。

しかし、中高年がグダンスクと聞いて連想するのは、一九八〇年代に東欧社会主義圏において先陣をきって進められたポーランド民主化闘争の中心となった独立自主管理労働組合「連帯」のワレサ（レフ・ヴァレンサ）委員長ではなかろうか。グダンスクの造船所で働く電気技師で、「連帯」の創立者の一人であったワレサはその後議長となり、次々と自由化と民主化を推し進め、ポーランド共和国第二代大統領に就任し、ノーベル平和賞も受賞した。

都市グダンスクの都市史研究

グダンスクの現代に至る歩みは以上のようであったが、北ヨーロッパの都市史研究にとってポーラ

写真14-3　グダンスク市内図書館

図14-1　東欧の地図

ンドの港湾都市シュチェチンや、現在飛び地のロシア領となっているドイツ騎士団領の中心旧名ケーニヒスベルク現在名カリーニングラード、ならびにバルト三国のエストニアの首都旧名レーバル現在名タリン、ラトビアの首都リーガなどと並んで極めて重要な都市でありながら現在都市史研究の進展事情は不明というしかない。というのも、前述のように十二世紀の東方ドイツ植民以来ドイツとの縁が深かったこうした都市については必然的にかつてはドイツ語での論文が多く出されていた。しかし、第二次世界大戦後の研究は当然のことながらポーランド語やそれぞれの国の言語で書かれるようになったため、どの程度進展しているのかわかりにくいのである。グダンスクを訪れた際に市立図書館に立ち寄り、グダンスクの歴史に関する文献について尋ねてみたが、やはりポーランド語の研究書しか置かれていないとのことであった。ハンザ都市として重要でありながら、少なくとも我々から見る限り研究の進展が見えない要因にはこうした事情が大きく関係していると思われる。

言語上の問題から最新研究を読むことができないという状況は、一都市の研究にとってだけでなく、北海からバルト海に至る北ヨーロッパにおいて西のイギリス、ネーデルランドから東のロシアにまで広がる空間に位置する都市が構成していた「ハンザ同盟」研究やそれらの都市が行っていた経済圏の貿易全体に対する研究にも関連する問題なのである。

日本の都市史研究

諸外国には重要な都市であると思われながらも言語の障害により研究が進んでいないように見える

都市は少なくない。進んでいたとしてもその情報が手に入りにくく、入ったとしても内容が理解できないのである。日本のヨーロッパ都市の研究者にとってグダンスクもそうした都市の一つである。その他にも例えば筆者の専門であるハンザ都市史研究では、前述のバルト三国の港湾都市やロシアの都市などきわめて重要でありながら、わが国における研究の進展は思わしくない。もちろんわが国にもポーランド語やロシア語等各国の言語に堪能である研究者はいるであろうが、歴史分野や経済、商学分野に限定するとおそらくは研究者はきわめて少ない。

日本で西洋史や西洋経済史などを勉強しようとすると、まず、英語以外の言語として、研究対象の国や都市の言語はもちろんドイツ語、フランス語、スペイン語、イタリア語などヨーロッパの主要な言語をも勉強しなくてはならない。仮にオランダを研究対象とする研究者であっても、例えば近隣国フランスやドイツでの研究成果も読む必要があるからである。少し古い分野であればラテン語や場合によってはギリシャ語を学ぶ必要も出てくる。筆者の専門とする北ドイツの中世都市に関する文書を読もうとすれば、古いドイツ語のそれも現在のドイツ語から見れば方言にあたる中世低地ドイツ語を勉強しなければならない。このような手間のかかる研究分野、言い換えれば成果を出すのに時間のかかる分野には若い世代はよほどの興味と覚悟がなければ入ることが難しい。したがって研究者もなかなか増えないのである。

考えてみると、日本の都市史研究も多くの論文は日本語で書かれ、欧米諸国の研究者にとって個別都市の丁寧な都市史研究をするには史料、論文を参照する上での障害は少なくなかろう。現代日本の工業、経済に関連した文献はすぐに翻訳されるであろうが、日本研究ではいわばマイナーな分野である都市史研究、特に古い時代の研究が迅速、正確に翻訳されるかは疑問である。

そうであるとすると、欧米の研究者が日本の都市をも視野に入れた比較研究を行おうとすれば、まずは日本語から、そして古文に至るまでを前提とした学習が必要であることになる。筆者がラテン語や中世低地ドイツ語の学習に時間を費やしたのと同様なことが求められる。やはり日本語は難しい。世界を視野に入れた比較史研究のこれからの進展を考える時、日本の都市史研究は主要外国語での外部発信を進めていく必要があるであろう。

おわりに

世界の比較都市史研究を行うことの難しさを改めて実感したのが、ポーランドの都市グダンスクを訪れた時のことであった。列車でワルシャワに戻る際、大掛かりな線路の補修工事が進んでいた。この工事の完成によって鉄道の高速運転が進展し、両都市間の鉄道による移動の所要時間は大幅に短縮されるらしい。

航空機の性能強化は世界の都市間を短時間で結び、鉄道技術の向上は確実に都市間の時間距離を短くしたが、欧米やアジア域内を超えた世界の都市史研究においてその距離はまだまだ短縮されていないように感じた。

第十五章　花の都パリ

はじめに

フランスのパリは全二十区、人口三〇〇万人、商圏人口八〇〇万人を超える世界有数の大都市である。パリは花の都というよりも華やかな都、「華の都」という方が似合っているようにも思う。パリへ最初に出かけたのは一九八〇年のことで、それから随分と年月が過ぎた。現在までに何度となく訪れたが、その度に変貌ぶりに驚かされたり、逆に変わらないことに感心したりしてきた。変貌という点では、実はミッテランの大きな業績の一つにパリの再開発がある。大統領就任後パリの街ではレ・アルという市中心部一区の食肉市場からショッピングモールへの転換など地域再開発や、シャンゼリゼ通りの延長線上のセーヌ川対岸にラ・デファンスという副都心の建設が行われた。一九八〇年代には人口の急増の中でパリは急速に近代化を果たしていったのである。しかしながら、旧市街地は外見上変わらぬたたずまいを維持していた。すなわち、事務所需要の増大に対しては副都心に近代的な容積率の高いビル群を配し、他方中心市街地では旧来の建物の外観を生かした再開発が目指された。そ

写真15-1　ショッピングモール、レ・アル

写真15-2　ラ・デファンス

れは多くの建物では、内装は改装され居住性の改善は行われても全面改築は制限されるなど住民にとっては厳しい制約によって実現されてきたと思われるが、逆にこうした苦労を共にする住民にはあるいは連帯感や伝統を守る誇りのようなものも生まれてきたのではなかろうか。

パリでは、こうした近代の部分的な都市再開発のはるか前に都市改造が行われた。一七八九年にフランス革命と呼ばれる市民革命を経験した後、急激に人口が増加したためその対応を迫られたのである。近代における人口増加や都市への集中は世界中で生じたことであり、パリの近代都市への移行の過程には多くの学ぶべきものがあったように思われる。そこで今回は市民革命、産業革命が現代社会形成にもつ意味について紹介し、両革命後のフランスの国家近代化の特徴を明らかにし、その過程で急成長した近代都市パリの形成について書いてみたい。

写真15-3　ミッテランによる再開発地区ボーグネル

市民革命と産業革命

フランスでは一七八九年に市民革命が勃発し、王制は否定され、封建制度は打破された。フランス革命によって、農民の子は農業を、商人の子は商業をという、日本でいえば士農工商それぞれの生まれで職業が決まるのではなく、フランス国民は職業を自由に選択できる営業の自由を手に入れた。荘園の領主のもとでの耕作を強いられてきた農民たちには農地が与えられた。自らの農地を所有するようになった農民たちの多くは、職業選択の自由を与えられてもその土地を離れることは少なかった。それは外部に工場労働力として流出しないことを意味した。東部ドイツやロシアにおいて、領主から一定の束縛を受け、劣悪な環境のもとで農耕を強いられてきた農民が解放され、工場労働者となり工業化が進んだのとは異なり、フランスでは政府が工業化を推進しようとしても自由な労働力が生まれず、工業化はなかなか進展しなかったのである。しかも、フランスではイギリスに比べ親方が取り仕切る都市の手工業ギルドが生産の主流であった。したがって、工場で機械を導入した生産の前提となる作業の分業化や単純化も進展していなかった。分業して一つ屋根の下で商品を作る工場制手工業いわゆるマニュファクチャーの進展も遅かったのである。これでは、いち早く産業革命をなしとげ、安価に、大量に良質な商品を生産するイギリス製品に国内市場は占拠され、国内産業は成長できない。

フランスでは市民革命によって営業の自由は認められたが、産業の育成にはドイツと同様に政府の指導の下、本来市民革命によって実現されるはずの自由競争を一部制限しなければならなかった。一部企業に国が関与するという混合経済体制をとって工業の近代化が進められたのである。すなわち、中小企業の保護はともかく、計画経済を実施するとともに、重要な企業の国営化などが行われ、バラバラに生産が行われてきた関連産業の連携が強化された。例えば鉄工業は鉄を作るだけ、加工は別の建材メーカー、鉄道関連は専門の会社が作るというのではなく、鉄の生産から建材や機関車、レールの生産までを一体化して生産する企業が育てられていったのである。そうした工業政策の結果、例えばフランス製の蒸気機関車は一八三八年にフランス国内の機関車数の二十八パーセントであったが、一八五五年には九十五パーセントを占めるまでになり、輸送力も急激に増大した。

ドイツ歴史学派の経済学

イギリスに対抗して政府主導で近代化を進めるフランスではあったが、イギリスでは産業革命後安価で良質な商品、特に布地が大量に生産され、イギリスの経済学者は自由な貿易を提唱し、そうしたイギリス商品の輸出の拡大の後押しをした。安くて質の良い商品が身近なところで生産されているのに、政府は国民に高くて質の悪い商品を押し付けているといって保護貿易政策をとる国々を批判したのである。さらに例えば古典派経済学者のD・リカードは、たとえ全般的にイギリスの生産が優位にあるとしても、諸外国において他の商品に比較して優位にある商品を重点的に生産することによって輸出は実現すると説き、「比較優位」論を展開して、双方向の自由貿易を主張した（十九章参照）。

十九世紀においてフランス以上に遅れていたのがドイツであった。しかし、ドイツ歴史学派の研究者はイギリスに後れを取った諸国を代表するかのように発展段階説でイギリスの自由貿易の主張に反論し、それによってドイツ経済を護ろうとした。すなわち、経済の発展は、家政、家の経済から始まり、家が寄り集まって村を作り、村が成長して都市になる。そして都市を国内に抱える国民国家が形成され、最終的に国境を越えた貿易の行われるボーダーレスの社会、世界経済に至ると経済には発展段階があることを解説したのである。彼らの生きている時代は、このうち国民国家の時代であり、国民国家として国内経済が成熟した後に世界経済は実現するのであり、なおその段階には至っていないとして、保護貿易の正当性を主張した。いわば、整然とした理論展開によってイギリスからの工業製品の流入を阻止し、自国の工業の発展を目指したのである。それはフランスが混合経済体制によって実現しようとした国家経済の近代化の理念に通ずるものであった。

近世のパリの都市改造

フランス革命によって土地を所有するようになった農民が土地を離れないだけでなく、都市に出ていこうとする者も地方の身近な都市ではなく、国内最大の都市パリを目指す傾向にあった。その結果、地方都市の成長は遅れ、パリの一極集中という現象を呼び起こした。それによって地域的に優れた生産部門が成長し、良質で安価な優れた生産物は各地にもたらされ、他方で劣った部門の生産は淘汰されていくという都市間分業は進展せず、地方都市の成長は遅れたのであった。これらが近代社会をむかえたフランスのもう一つの特徴であった。

国家の強化、人口の増加にともなってパリのまちには大改造が必要であった。ナポレオン三世の治世になってその後援を受けてオスマン男爵がパリの大改造に着手したのである。というのも当時人口が過密になってきたパリは、不衛生な、不潔な都市だったのである。ベルサイユ宮殿ですら来客用のトイレがなかったことは有名な話である。客は人目のつかないところで用を足さざるを得なかった。そうした悪臭はもとから断つのではなく、嫌な臭いを消すためにはもっと強力なよい香りでカバーす

写真15－4　ボーグネルよりエッフェル塔を望む

るという西洋流の発想で香水が頻繁に利用された。庶民の生活ではもともと「おまる」で用を足し、それが一杯になれば外に捨てていた。人糞が農業の肥料として使われるようになってから、居住空間にトイレが作られそこにたまった人糞は農民によって引き取られた。しかし、農民の引き取りがなければ平気で路上に捨てられた。

パリの不潔さはトイレだけの話ではなかった。ゴミも平気で路上に捨てられたので、道路のセンターラインに沿った窪んだ部分に市の清掃員がゴミを集め、処分しなければならなかった。そうした汚い道を爪先立ちして歩いたところからハイヒールができたともいわれている。このように汚いパリでは、居住環境もまた屋根裏まで人が住むなど人口増加とともに悪化していった。そのなかで、まず安心して飲める飲料水が重要であったし、料理のための燃料確保も深刻な問題であった。狭く入り組んだ通りを馬

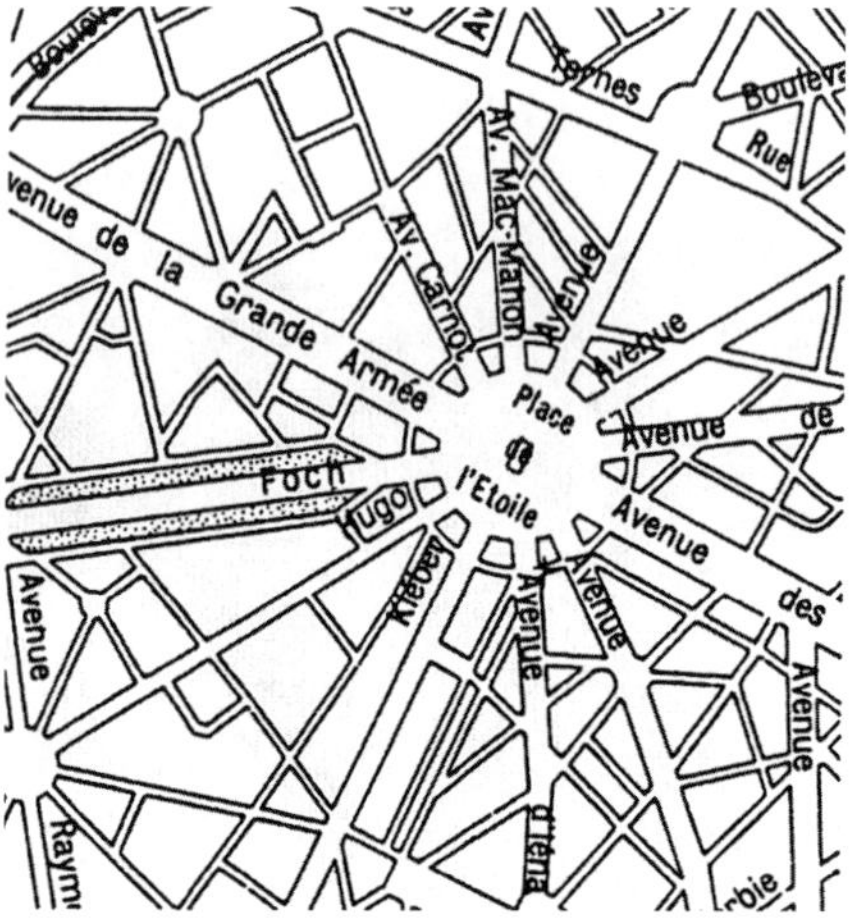

図15-1　星型交差点

車が行き交うことも困難であり、このままでは健全な発展は難しい状況であった。

一八〇〇年時にはわずか二十キロメートルにすぎなかった水道の総延長は一八七〇年には一五〇〇キロメートル余にまで延長された。下水道も一八五二年には一四六キロメートルであったが、一八七〇年には四倍弱の五六〇キロメートルにまで延長され、その太さは二倍に拡張されて排出能力が拡大された。住民の移動に不便な複雑に入り組んだ細い道路は拡幅され、都心から郊外へ向けて放射線状に歩道を付した直線の舗装道路を配し、地下には上下水道などを通した。有名な通りではサンジェルマン大通りがこの時建設されている。

しかし、これらの道路事情の改善は、ただ住民のためだけでなく、軍隊の移動をスムーズにするためのものでもあった。多方面への道路が放射線状に配されたのも、今では交通上の障害ともなっている星

写真15－5　橋上を電車が通るティエールの市壁跡

形交差点が作られたのも、市内各地に分散している軍隊を素早く集合させるためのものであったといわれている。市内の広い道路には街路樹が植えられ、市に隣接したブローニュの森や市内のいたるところに公園が配されたのも、人口が過密となった都市における樹木などの自然の配置の重要性を意識してのことであろうが、軍隊の集合場所の確保のためであったともいわれている。また、多くの道路が石畳からアスファルトにされた。無粋のようにも思えるが、石畳はそれをはがせば容易に投石用の石として武器になるからであった。ちなみに日本でも学生運動が激しかった一九七〇年代に、東大の安田講堂に立てこもる学生たちの武器になる石畳はアスファルトに変えられた。このように一連の都市改造は、都市を安全清潔にし、市民のアメニティを増す政策のように見えても実はその裏にこうした別の目的が隠されていたのである。

写真15-6　パリのボンマルシェ百貨店

当時の長い冬の夜などパリ市街は暗く物騒であった。そこで街灯が配置されて市街は明るくなり、不法居住のスラムが除去され市内の安全性は増した。こうした環境の改善はさらにパリへの人口集中を助長することになったと思われる。人口増加に対し十九世紀中頃に建設されたティエールの市壁の内部が市域とされ、市はそれまでの十二区から二十区に拡大された。しかし、人口の増加にもかかわらず住居の供給は不十分であった。市内に建設されたのは、オペラ座のようなナポレオン三世の第二帝政期を象徴するような華美な建造物であった。一九一九年になってやっとティエールの市壁が取り壊され、その跡地が外環道路となり、市の外部への拡張も可能になり、市民の居住空間も広がった。

オスマンの改革の結果、パリの近代化の進展を象徴するように、現在なお営業の続く百貨店ボン・マルシェが開業するなどパリの人口吸引力はより一層強くなり、その結果、パリにはそれまで以上に人口が集中し、パリへの一極集中を助長することにもなったのである。パリをお手本に世界中の大都市で大改造が行われ、東京でも関東大震災後に後藤新平によって都市改造が計画されたが、現在の晴海通りなど一部にその業績は残るものの、全体計画は頓挫した。

おわりに

フランス革命によって実現された小作農民への土地分配により小土地所有農となった農民たちは容易に土地を離れず、国内で産業革命が進展しても工場労働者は不足し、政府の努力にもかかわらずフランスの工業化は遅れ、現在もなお農業国である。

はからずも手にすることのできた大事な農地を売却し故郷を離れ一旗揚げようと思う時、その可能性は近くの中小都市よりも大都市パリの方が高いと思われたのであろう。パリに人口が急激に集中してくると、それに対応した改善の必要が生まれた。十九世紀には、地域間、都市間分業の進展には各国で差異があったが、首座都市といわれる国やかなり広い地域の中心都市の急激な発展は共通した現象であり、そこには多くの問題が内包されていた。当時のフランスでは、巨大化した首都改造を行える強力な権力者による支援があり、将来を先取りしビジョンをしっかりともって計画を実現していった実行者がいた。いわば病んだパリの外科手術であった。市民の居住事情は改善されなかったものの、パリの都市大改造は世界の多くの都市のお手本となった。

各国の都市では以後パリをお手本に都市改造が計画され、一部は実現されてきた。しかし、東京をはじめ多くの都市では将来の都市の形が読めず、国民の支持も受けられなかった。その結果都市改造は遅れ、いわば外科手術は後手に回ることになった。後年の車の増大で交通渋滞に苦しみ、住居不足はパリにも増して深刻なものとなっていったのである。都市の健全な発展のためには、先導者の先見の明と思い切った決断が重要であることを思い知らされたようにも思った。

〈追記〉本章掲載の写真は、百貨店ボン・マルシェ以外は筆者の手元に適当な写真が見つからず、現在パリ滞在中の橋本能中央大学名誉教授に提供していただいた。記して感謝の意を表したい。

第十六章　フランスの地方都市

はじめに

フランスで都市といったら「花の都パリ」であろう。十九世紀以降のヨーロッパ都市の発展動向を見ると、どの国でも首都の人口が多いのは共通しているが、例えばドイツならハンブルクやミュンヘンといったそこそこの都市が成長していた。それに対し、フランスでは第二、第三の都市は極めて成長が遅かった。したがってフランスの都市といえばパリということになってしまったのである。しかし、フランスの地方都市にだって魅力はある。

その一例をフランス西部大西洋岸近郊のナント、ラ・ロシェル、ボルドーについて見てみたいと思う。各都市に内在する魅力とそれに向き合う市民、そこには私たちが学ぶべきものがあるようにも思われるのである。

写真16-1　ナントのパッサージュ内

フランスの地方都市ナント

フランス西部に位置する都市ナントは、かつてブルターニュ公国の首都で、人口二十八万人余、フランス第六の都市、ロワール地方最大の都市で、ロワール・アトランティック県の県庁所在地である。ナントといわれても、世界史で習った「ナントの勅令」くらいしか思い浮かばない方は多いのではなかろうか。十六世紀末に、フランス・ブルボン朝初代のアンリ四世が新教徒に旧教徒と同等の権利を認めた、個人の信仰の自由を認めた勅令である。

その後ナントは奴隷貿易の中心都市となり、さらに近代では造船業で栄えた都市であったが、一九七〇年代に造船業は衰退し、都市の経済全体が疲弊するにいたった。しかし、近年の文化政策の一環として作られたロワール河中州のナント島の巨大な機械仕掛けの「象」などが人気を呼び、ナントはよみがえり、今やフランス人がいちばん住みたい都市といわれ、路面電車での移動も便利な都市である。

しかし、そもそもそうした政策だけで都市が活性化したとは思えない。ナントには、社会が変わっても変わることのない誇るべきものがある。それは一八四三年に建設された、世界でも珍しい、パリにもない三階三層構造のショッピング・アーケード＝パッサージュ・ポムレである。今年訪れた時には改装中であったが、ガラス張りの明るい天井の下、十九世紀の古典的な内装に囲まれたパッサージュには賑わいが維持されていた。

ラ・ロシェル

ナントから南へ列車で約二時間のところにあるにラ・ロシェルは、人口八万人余、シャラント・マリティーム県の県庁所在地である。ラ・ロシェルといわれても思い当たるものすらないかもしれないが、大西洋に面した植民地物産の集散地で、今でもチョコレートが名物である。しかし、特産物としては、この都市に隣接するレ島で生産される天日塩の方が有名である――一九八八年にはラ・ロシェルとレ島は二・九キロメートルの橋で結ばれた――。

もともと中世にレ島のシトー派修道院で作られたことに起源を有する歴史的な特産物である通称「ベイ塩」と呼ばれるこの塩は、遠くバルト海にまで運ばれ、輸送費を加えても北ドイツのリューネブルク塩よりも安価であったため、次第にシェアを拡大し、食塩として、あるいは魚の保存用などに使われたのであった。「ベイ塩」の北海からバルト海への海上輸送の実現は、それまで独立した商圏

写真16-2　ラ・ロシェルとレ島を結ぶ橋

を形成していたバルト海を大洋と結び、北に一大商業圏を形成する一因になったと考えられている。

また、それまで必要不可欠の塩を「ハンザ同盟」の領袖都市リューベックからもたらされたリューネブルク塩に依存し、それゆえに「ハンザ同盟」に従属せざるを得なかったバルト海地域を解放したともいわれている。

この周辺の塩田で作られる塩にはミネラルが多く含まれ美味しいとの評判である。こういえば高級な塩を思い浮かべるが、もともとは白い金といわれた地下の塩水を煮出して精製する北ドイツのリューネブルク塩に比べれば不純物の多く混じった、安価な塩だったのである。

ナントも次に述べるボルドーも海には近いが、内陸のまちである。ラ・ロシェルはこのように海辺のまちであり、レ島とともにリゾート地でもあるこの地の海産物は美味である。特に旬の牡蠣は絶品である。

写真16-3　ボルドーのサント・カトリーヌ通り

ボルドー

ラ・ロシェルからさらに南へ列車で二時間半弱、ジロンド河の支流ガロンヌ河河港の都市ボルドーは、人口約二十四万人、ジロンド県の県庁所在都市である。ボルドーといえば誰もがワインを連想するほどに、この地のワインは有名である。たしかにボルドーはワインの一大集散地ではあるが、ワイナリーはおおよそ市の半径五十キロメートル内に分布し、市内にはない。高名なワイナリーに行こうとするならば、列車やバス、タクシーなどを使って、結構な時間をかけて行かなければならない。最近ではワイナリーを巡るバスツアーなども行われてはいるが、二カ所のワイナリーを巡るツアーでも半日がかりである。ボルドーは結局そうしたワイナリー巡りの観光客が食事をしたり、ワインの関連業者が消費することで経済が成り立っている都市なのか。

商店街を歩いてみると、とてもそのようには見えな

写真16-4　ボルドー証券取引所前の水鏡

い。ボルドーには、十八世紀末に建設されたコリント式の柱と女神像が美しい大劇場付近からヴィクトワール広場まで南北に一キロメートル余におよぶサント・カトリーヌ通りがある。この通りは、ヨーロッパ一長い歩行者天国の直線商店街で、その人通りの多さに驚かされる。この伝統的な街並みが続く商店街は、市民であれ、観光客であれ、おそらくはぶらぶら歩いてみるとその賑わいが何となく嬉しくなるであろう。大都市の雑踏ではなく、少しのんびりとしていて、しかも洗練されたまちなのである。通りから少し入った小路に面して目立たないところにカヌレ発祥の店があったりもする。その通りの一方の終点大劇場近くのガロンヌ河に面した証券取引所広場の水鏡は世界一大きい、いわば人工の水溜りである。それは、夏の昼間には子供たちの水遊びの場となり、夜には河沿いの建物をその灯りとともに幻想的に映し出す。二〇〇六年からの新しい試みだが、すでに観光資源としての役割を十分

写真16－5　ボルドー中心市街地の架線がない路面電車

に果たしている。
十八世紀から十九世紀に都市改造が行われた調和のとれたこのまち自体が、二〇〇七年に世界遺産に登録されているのである。そんなまちに電線は似合わない。中心市街地では、電線どころか路面電車の架線まで地中に埋設してしまう。伝統的な街並みに不似合と思えば、かたくななまでに否定するのがボルドー流のようである。

おわりに

フランス西海岸の地方都市を見てみても多彩な魅力がある。日本では地方都市というだけで自信がなく、「しょせん田舎まち、なにもありませんよ」という謙遜とも、本音ともつかぬ言葉を聞くことが少なくない。もっと自信をもってわがまちの日本一、県内一番、地域で一番を誇ってもよいのではないだろうか。

フランスの地方都市では、社会の変化の中で停滞や衰退を経験した都市もある。時には政策や新たな試みによって都市がよみがえることもある。しかし、各都市にはそれぞれ伝統に裏打ちされた固有の名物があり、パリにも世界にもないものやヨーロッパ一、世界一があったりする。何気ないものの中にも外から見たら輝いているものがある。市民にとっては見慣れた、あるいはあたりまえのものであっても、それらは輝いている。しかもそれらは市民の誇りであり、それは社会が変わろうとも変わらない都市への愛着となり、そして、外への発信力になっているのである。

第十七章　スイスの都市チューリッヒ

はじめに

北ドイツを研究している者にとってスイスは近くて遠い国である。若いころにモンブラン観光にも出かけたし、グリュンデルヴァルトからクライネシャイデック経由ユングフラウヨッホにも行った。農民戦争の中心地ケンプテンに出かけた時にはザンクト・ガレンなどにも出かけてみた。しかし、泊まったことのある都市はといえば、ジュネーブや、翌朝ユングフラウに出かけるために一泊したグリュンデルヴァルトくらいで、スイス都市をゆっくり時間をとって訪れる機会は多くはなかった。

最近素朴な疑問からチューリッヒを訪れる機会に恵まれた。それは、なぜスイスの名物がチョコレートなのかということである。前章の都市ラ・ロシェルを訪ねた折チョコレートの原料カカオが植民地から運ばれ、名物となったという話を聞いた。しかし、チョコレートの主要原料である砂糖やカカオは植民地物産であり、内陸の山国スイスとは縁がなさそうにも思える。牧畜が盛んな国であるから、チョコレートにミルクを加えて味をマイルドにしたミルクチョコレートが名物になったというこ

写真17-1　チューリッヒ市街

とであろうか。ちょうど十八〜十九世紀の植民地物産の流通に興味をもち、調べていた時であったので、ハンブルク大学にその史料の調査に出かけた折、何かこうした疑問への答えの手がかりがないかと、思い切ってチューリッヒに出かけてみたのである。

チョコレートの歴史

固形のチョコレートは、もともと飲み物のココアを原点とすることはご存知であろう。ココアという飲み物は、カカオ豆から作られるカカオ液（カカオマス）に含まれているココアバターを減少させて飲みやすいものとし、さらにそれを粉末状にすることで、お湯に溶けやすくしたものであるという。それを砂糖とともにお湯に溶かして飲むのである。

ココアバターはチョコレートに欠かせない原料であり、後に述べるチョコレート開発のきっかけとなったという。カカオ豆をアルカリ液で処理することにより、カカオはミルクや水に混ざりやすくなり、風味はまろやかになり、ココアパウダーの色は茶色になったという。植民地からのココアの流入と技術開発はチョコレートの一大転機となり、飲むココアから食べるチョコレートが開発されてココアの用途が拡がってから需要は拡大した。すなわち、ココアの粉と砂糖にココアバターを加えて冷やすと常温で固体になり、口の中では体温で溶けるという固形のチョコレートができたというのである。さらに、カカオ豆の磨砕工程が蒸気機関を利用して機械化され、型に流し込んでいろいろな形のチョコレートができるようになり、現在の様々な形の固形チョコレートができた。

どこがルーツなのか。一八二〇年代にオランダのヴァン・ホーテンが、粉末のココアの製法を開発して現代チョコレートの原点となり、十九世紀半ばにイギリスで現在のチョコレートの原型となる固形チョコレートが開発されたともいわれている。すでに、十九世紀初頭にはスイスにチョコレート工場があったとも、一八二〇年代にはイタリアのトリノで大規模に販売されていたともいわれるが、明らかではない。何となくこちらこそが、最初にチョコレートを開発生産した「元祖」であるとか最初に販売した「本家」であるといっているようにも見える。

それにしてもチョコレートは不思議な、微妙なお菓子である。常温では固形でありながら体温を超える温度では液体化する、すなわち、チョコレートの塊を口の中にいれればほどなく溶け、甘くもほろ苦い味が口中に広がるのである。このような常温を超えたところで液体化する「微妙」なお菓子であるから、夏には輸送中に溶けてしまったなどということは珍しい話ではない。こんなチョコレートを誰が発明し、商品化したのか、まさにノーベル賞ものではないかとも思う。

厳密にいえば、純粋なチョコレートの原点とはいえないし、少し時代も下るが、スイスでは一八七五年に、油分が多く水とは混ざりにくいチョコレートに粉ミルクを添加してそれまでの苦みの強いチョコレートとは異なる、味のまろやかな口当たりの良いミルクチョコレートが開発されたのは事実のようである。それにはネッスル（Nestle）社が関係していたといわれる。ちなみに、日本では十九世紀末に風月堂から「貯古齢糖」の名で初めて発売され、二十世紀に入り森永製菓から発売され一般的な菓子になったという。世界中で食べられるようになったチョコレートの原料カカオの供給不足が心配される中、今や日本の小笠原諸島でもカカオの栽培が始まったという。

チューリッヒという都市

チューリッヒは、スイス北部に位置する州都で人口三九万人、商圏人口二〇〇万人ともいわれるスイス最大の都市である。ツヴィングリにより宗教改革が始まった都市でもある。チューリッヒ中央駅を出て道路を渡るとライン河の源流リマト河にぶつかる。そこからチューリッヒ湖に至る川岸周辺が古くからの中心市街地である。市内には教会など立派な歴史的建造物やスポーツ分野では最近よく耳にするＦＩＦＡ国際サッカー連盟の本部などもあるが、特に訪れてみる観光スポットは少ないように思われる。

スイス人のチョコレート好きは有名で、その消費量は日本人の約六倍にも達するという。チュー

写真17-2　チューリッヒの街並み

写真17-3　博物館の繊維製品、時計、チョコレートの説明

リッヒもその例外ではない。街角には多数のチョコレートショップが軒を連ねており、静かな落ち着いたたたずまいの街並みの中、店をのぞきながら散策するのも楽しいだろうし、気に入った店があれば、立ち寄ってお茶をするのもまたよいであろう。周辺の山々と調和した風景の中を川沿いに歩くのにも、湖を船で観光するのにも、少し

足を延ばして山へ登山電車やケーブルカーで出かけその絶景を楽しむにも都合のよい都市である。

二〇一五年の夏にチョコレートの原料カカオの流通経路についての手掛かりを求めて、チューリッヒ中央駅の脇にあるスイス国立博物館を尋ねた。チューリッヒの主に中世から近代への発展の過程を見る中で、一八八〇年頃カカオがネーデルラント（オランダ）からもたらされていたという記述を見つけた。この時期はすでに鉄道建設が進んでいた時期であり、ライン河経由かどうかは明らかではないが、原料の主要流通経路は明らかになった。しかも、この頃固形チョコレートを輸出している国はまだなかったという。スイスこそがチョコレート輸出の「元祖」だったというのである。

スイスにおける観光業

チューリッヒを訪れた際、列車で一時間弱のルツェルンでローカル線に乗り換えて、さらに麓駅から登山電車に乗り換えピラトゥスへ出かけた。天気にも恵まれ、世界最高の傾斜を誇る登山電車から、また山頂からの眺めは絶景であった。その昔、山歩きをしていたころ日本ピラタス（たぶんピラトゥスの英語読み）と呼ばれる山にロープウェイで上がったことがあったが、「本家」のスケールの大きさに圧倒された。ピラトゥスだけではない。ユングフラウヨッホやモンブラン、氷河特急などの山岳鉄道も主要都市からそう遠くないところにあり、身近な場所にこのような観光資源を有するスイスにおいて、いうまでもなく観光は最も重要な産業の一つである。出かけたのは八月下旬の平日だったが、登山電車やロープウェイは次々に増発され、観光客で山頂駅はいっぱいであった。しかし、わずかな

写真17－4　ルツェルン、カペル橋

時間で絶景が楽しめる一方で、やたらと料金が高い。観光にかかわる交通費などだけではない。どうしてこうも物価が高いのか。ドイツで三〇〇円程度の缶ビールが倍以上の値段である。食事に出かけてもその値段の高さは際立っているように思われる。食品や食事などが「高い」といって文句をいうドイツ人を嫌うスイス人、食品などが安価なドイツでのスイス人の「爆買い」に眉をひそめるドイツ人、なんとなく両者の相手に対する感情がわかるような気がした。

このようにスイスの物価が高い原因について、長年の間、北欧諸国同様に付加価値税すなわち消費税の高さによるものと考えていた。現代ヨーロッパの多くの都市のルーツである中世都市では、中世末には歳入不足から財政赤字による財政悪化は恒常化しており、しかも富裕層はあの手この手の節税や課税逃れによって直接税の増収にはなかなか応じなかった。結局、確実な税収を得て増収を図るためには、直接税よりも間接税、それも庶民が必要な食料をはじめ生活必需品等に対する消費税の課税強化が行われたという歴史があったからで

写真17-5　ピラトゥスの絶景

ある。しかし、調べてみるとスイスの消費税は日本と変わらない率であり、しかも食料品や医療などには軽減税率も採用されている。では、なぜこれほどまでに物価が高いのか。はっきりしたことはわからないが、労働者の賃金が高いことが一因であるという話は聞いたことがある。時給は日本の二・五倍近い額で、国民所得は日本の約一・五倍と高く、それが商品の価格に反映されているというのである。また、資源のない国であり、しかも、山岳地帯が多く農業にも不向きな土地が多く、時計など精密機械工業は発展したものの、海に面していないため海外からの資源を使った重化学工業も展開しにくい、外部に売るものが極端に少ない国であるということと関係がありそうである。すなわち、工業製品から生活に必要なものまで多くのものを外国に依存せざるをえない国なのである。原材料は輸入しても加工生産された完成品の輸出が国内経済を豊かにすることや、輸入品が自国生産物に比べ輸送コストなどで割高になることはわかるが、それにしても高すぎるようにも思う。

余談ながら、ドイツでは中世都市の時代から税収不足解消のためとはいえ消費税の値上げをしようとした都市当局に対し、事情がわからない市民が抵抗、抗争が続発したという経験をしてきたからであろうか、都市の財政状況はオープンにされている。ハンブルク市のダムトア駅近くのハンブルク大学の入り口には、現在の市の巨額の借入金とそれに伴う利息を合わせた市の負債の増加の様子が電光掲示で示されていた。スイスの物価の高さもただ国税だけではなく、そこに地方税や市税などが加算されている結果であるかもしれない。国や市の財政が健全化することは国民、市民にとっては結構なことであるが、観光客にとってはつらいところである。

おわりに

スイスには様々な魅力がある。特にスイスアルプスをはじめとする自然の豊かさ、その美しさに魅了される。しかし、物価の高さ、観光費用の高さには驚かされる。それはお土産のチョコレートでも同様である。それでも多くの旅行者がお土産として山のようなチョコレートを買って帰る。不思議なものである。それによってスイス経済が成り立っているとすれば仕方のないことであろうか。

アフリカ、中南米、カリブ海諸島等からもたらされるカカオや砂糖が主原料であるチョコレートが、内陸のスイスでなぜ名産品なのか。そんな素朴な疑問からヨーロッパにおけるカカオの流通経路についてその歴史をたどってみると、様々な流入経路が見えてきた。すなわち、チューリッヒへはネーデルラントからもたらされたと思われるが、ミュンヘンへの流入にはハンブルクとの関係が深かったようであるし、オスマントルコによる包囲以後のチョコレート流入が述べられているウィーンはドナウ河経由の流入が想像される。鉄道が利用されたとすれば、河川輸送以上に多様な流入の可能性が考えられるのである。

素朴な疑問であっても、その答え探しの旅は別の面白さを提供してくれる。当たり前と思わずに、「なぜ」の答え探しの旅に出てみませんか。

第十八章　イタリアの古都フィレンツェ

はじめに

フィレンツェは英語名フローレンス、古代ローマ時代に花の女神フローラの町、フロレンティアと名付けられたことが語源とされる。ヨーロッパで「花の都」といえばパリが代名詞のようであるが、フィレンツェこそが元祖「花の都」なのである。現在人口は約三十六万人、イタリアトスカーナ州の州都で、フィレンツェ県の県都でもある内陸の都市である。イタリア有数の観光都市であり、今ではバッグなど革製品が有名なおしゃれな都市である。

中世には毛織物など布地生産で栄えた工業都市であった。十五世紀にはルネサンスの文化的中心ともなった。しかし他方で、イタリア都市のジェノヴァやヴェネツィアなどと同様にフィレンツェも都市および有力市民が周辺農村を支配する都市国家でもあった。中近世のフィレンツェについて授業で話す時には、市の名門家のお姫様の持参した嫁入り道具のことを話し、近代初頭のヨーロッパの食生活の一面に触れるのだが、まずは都市フィレンツェについて紹介し、名門家が強大な経済力をもつに至った理由について考えてみたい。

イタリアルネサンスの意義

フィレンツェを中心に展開したルネサンス運動は、神から人間を解放したともいわれる。それは、それまで「神のみぞ知る」という言葉でいわれるように、神が社会、世界を創造し動かすと考えられてきたが、人が社会を作り動かすことを認めたのである。それまで、絵画といえば神かキリストという宗教画であったが、風景、静物や庶民が描かれるようにもなった。そうした社会に生きてきたルネサンス人にとって、神から「自由」であった古代社会はある種の憧れの社会であり、その社会とルネサンス人にとっての「現代」との間の「神に支配された」時代を中間の世、中世と呼んで区別した。時代区分の始まりである。当たり前のように、古代、中世、近世、近代などと区分しているが、時代区分はこのように始まったと考えられている。それはさらに、古代から現代まで区分された時代ごとに段階を踏んで発展してきたという発展段階説につながっていった。マルクスが奴隷制から封建制そして近代資本制へと社会経済の発展を示し、さらに次の社会を想定したのも発展段階説の一つなのである。

フィレンツェという都市

観光でフィレンツェを訪れると、まずは世界歴史遺産にも登録されている歴史地区の中世のたたずまいに圧倒される。その中でもサンタ・マリア・デル・フィオーレ大聖堂は、まちを見渡す丘からもひときわ目立つ。市内には名門メディチ家が収集した美術品を収蔵する、ルネサンス絵画で有名なウフィツィ美術館もあれば世界最古の薬局ともいわれるサンタ・マリア・ノヴェラ薬局もある。アルノ川にかかるヴェッキオ橋の橋上には宝飾店が並んでおり、浅草の仲見世のような賑わいがあった。ちなみに橋上店舗は日本にもある。岩手県の釜石市の甲子川の橋上市場は、一九五〇年代から六〇年代には三百もの露店が並んだという。一九五八年には橋上に屋根付きアーケードが作られ、鉄のまち釜石のもう一つの顔になったが、結局存続運動もむなしく二〇

写真18－1　丘からのサンタ・マリア・デル・フィオーレ大聖堂

写真18－2　ウフィツィ美術館

写真18－3　ヴェッキオ橋

〇三年には橋上市場の営業は終了した。北九州市の小倉の橋上店舗もフィレンツェとは異なり庶民の生活と密接に結びついた市場で、その旦過市場はいまだに元気な市場として市民に親しまれている。河川上の橋は両岸の地域から対岸を目指す人々が集まり、通過していく場所であり、そこに市場ができることは自然のこととともいえよう。

中世の金融業

フィレンツェは、十四世紀には隣接するピサとの戦争に勝利して、海への出口を確保し、急速に発展を遂げた。市を代表する富豪市民メディチ家は金融業で財をなし、都市国家フィレンツェの支配者になっていく。しかし、中世社会では金融業は経済的弱者から利息を取るという行為がキリスト教の教義「弱者救済」に反するものとして表立ってできるものではなかった。したがって、いわゆる「金貸し」はユダヤ人が主に行う

写真18－4　ピサの斜塔

ことになったのである。もちろん、キリスト教徒もそれをただ指をくわえて見ていただけではない。巧妙にキリスト教の教義に反しないようこの経済活動を展開させる。すなわち、不動産を担保としてお金を貸し始めたのである。

　例えば、資金不足の手工業者が仕事場を担保としてお金を借りようとする場合、不動産の権利書を他人に売り資金を得、その手工業者は権利書の購入者すなわち仕事場の所有者には賃借料を支払ってその仕事場を今まで通り使用して生産に従事する。ただ不動産を担保としてお金を借り、利息を払うという形ではキリスト教の教義に反しても、このようにすれば家賃を払っているのであるから合法というのである。ちなみにこれをドイツではレンテというが、証書にした土地の権利書は嫁入り時の「持参金」になったりもした。

また、各都市では歳入不足を補うために市債を発行して穴埋めをするが、これも市のいわば信用を担保としたレンテの一種である。日本の国債のように一定期間で償還され、譲渡も可能なもののほか、年金型といわれる、「利息」は高いが、譲渡はできないというものもあった。この場合豊かな老後を自らのお金で実現し、死去したらそれで終わり、子や孫には譲れない。市債を発行した市の側から見れば、年金型の市債はその購入者が存命の限り高い「利息」を払い続けなければならないが、購入者が死去すれば償還の必要は無く消滅する。豊かな老後を望む者にとっても、市にとっても好都合に思えるのだが、いかがであろうか。

そんなキリスト教の教義に反するような金融業を、メディチ家はどうしてどうどうと行い大きな利益を得ることができたのであろうか。貸し付ける相手が王侯貴族など経済的には困っていても、一般の経済的弱者とは異なる人たちであったからであろうか。

しかし、イタリアにおいて莫大な経済力を手にした金融業者たちも、新大陸からの金銀の大量流入、人口の再増加による物資不足による物価上昇、金銀含有量が少ない貨幣の悪鋳といった貨幣価値の急激な下落、いわゆる価格革命などによって、商人から借金をしていた封建権力者が没落すると貸金は当然のことながら回収不能となり、その多くは没落していったのである（十三章参照）。

メディチ家がフランスにもたらしたもの

都市国家フィレンツェは公国となり、さらに支配領域を拡張してトスカーナ大公国となる。その過程でメディチ家では、一五三三年にカトリーヌが後のフランス国王アンリ二世に嫁す。さらにマリーはフランス王アンリ四世に嫁ぎ、ルイ十三世の母となったのである。

フィレンツェを訪れてみれば、メディチ家が集めた美術品やその庇護のもとで活躍した芸術家などの作品からその財力が莫大なものであったことは容易に推測がつく。しかし、国家に成長したとはいえ、もともとはイタリアの一都市の富豪の娘がフランス王家、国王に嫁ぐということは、その財力が当時計り知れないほどにとてつもなく強力であったことを示しているといえよう。カトリーヌの嫁入りにはおそらく多額の持参金が用意されたことであろう。しかし、持参金以外にフランス王家にもたらしたものが興味深いのである。それはナイフやフォーク、スプーンといった今ではあたりまえの食器であった。それらは、高価な装飾が施された通常我々が使用するものとは異なるものであったかもしれないが、おそらくは十六世紀まで王家や貴族ですら日常的に必ずしもそうした食器を使用していなかったことを示すものでもあろう。庶民にまでこうした食器が普及したのは十七〜十八世紀になってからといわれていることからもそれをうかがい知ることができよう。石器時代にすでに動物の骨や陶器で作られた食器はあったにせよ、ヨーロッパでは今我々が使っているような食器として普及するまでには随分と時間を要したのである。

写真18－5　サンタ・マリア・デル・フィオーレ大聖堂周辺

日本では古くから食事には箸が使われてきたが、ヨーロッパでは意外に長い間手掴みで食べられていたのかもしれない。手掴みで食べるということは、食事がスープを除けば熱々の料理を食べるというものではなかったとも推測されるのである。もしそうであるとするならば、ヨーロッパの人たちは、一般的に味が落ちると考えられる冷めた料理を食べ続けてきたということになろう。

おわりに

イタリアの都市には都市国家であるとか、莫大な財力を有する有力家が存在し、市民等の経済的格差がヨーロッパの中北部の他市に比べ大きいなど、いろいろな共通した特徴があった。その一つは有力都市のほとんどが港町であったということである。それは現在なら大型客船で容易に真ん中を東西に横断できる地中海も、中世ではかなり危険なことであり、多くは海岸沿いに寄港し水や食料など必要なものを調達し遠隔地からの輸送品を供給しながら移動したからであった。その際半島は東西間の移動にとって障害であり、例えば中世において西からやってきた十字軍はジェノヴァで船を降り、陸路ヴェネツィアまで移動して船を調達して戦場に赴いた。帰国する場合はその逆方向に進み、やはり陸路の移動と船や移動中に必要な物資の調達が必要で、それゆえに半島の付け根に位置する都市や商人はそれらを供給することで大儲けできた。それは北のハンザ都市リューベックとハンブルクも同様であった。しかし、以後も発展できた都市は特産品の輸出が活発に行われたという点で共通している。ハンブルクに輸出商品のビールがあったように、フィレンツェは特産品として毛織物など布地を生産する内陸の工業都市であった。各都市が東西貿易の中継拠点として発展し、有力商人たちが金融業で儲けたことは共通していたが、フィレンツェは自市産の布地を生産し、輸出する「特殊」な都市であった。それが、他都市の商人たちが、貨幣価値の減少という価格革命や、東西貿易路の大洋貿易への移行という商業革命によって没落していったにもかかわらず、メディチ家が有力家系として力を維持できた理由の一つと考えられている。停滞、衰退する都市は少なくないし、「おごれるもの久しからず」を実感することの多い昨今である。今を生きる我々にとってこんなところにも学ぶものがあるように思われるが、いかがであろうか。

第十九章　ポルトガルの首都リスボン

はじめに

ヨーロッパのイベリア半島最西端に位置するポルトガルのリスボンには、二回出かける機会があった。そのうちの一回は、小学校以来の友人が駐ポルトガル大使となったのに便乗して出かけたものであった。友人の大使ご夫妻にリスボンの市街を案内していただき、通常の海外ツアーでは通り過ぎてしまうような市内の市場など庶民の生活を垣間見る経験をさせていただいた。リスボン市内で、いつも行列ができるというケーキ屋さんでいただいたポルトガル語でパスティ・デ・ナタと呼ばれるエッグタルトの焼きたての味はあまり甘いお菓子をいただかない辛党の筆者にも衝撃的なおいしさであった。短かったものの印象に残る旅になった。その際に考えたことは、ポルトガルから始まる新大陸への到達、そして世界の覇権国家の変遷が政治的には高校の世界史で習った通りスペイン、オランダ、イギリスと移行するものであったにしても、経済的にも同様であったのかという疑問であった。

リスボンという都市

リスボンは現在人口約五十五万人弱、テージョ川河口に位置するポルトガルの首都である。首都といってもまちを歩けば、アズレージョと呼ばれるポルトガル独特の釉（うわぐすり）をかけて焼いたタイルがいたるところに見られ、建物ぎりぎりの空間をぬうように走る路面電車やまち中の坂道を上下する「路面電車」など、市街は一時代前の都市の雰囲気をもつ田舎町の独特の様相がある、せわしなさのない居心地の良い都市であった、しかも干鱈の料理だけでなく、市場を覗いてみるとヨーロッパ都市の中では魚の食材が豊富で、実際に魚が良質で美味しく食にも馴染めるうれしい都市であった。聞けば、国民一人当たりのポルトガルの魚消費量は日本人よりも多いのだという。余談ながら、最初にポルトガルを訪れた折十三世紀末に創設されたポルトガル最古の大学のあるコインブラのまちを散策するなかで、家内とともに多くの学生が集まっていた大衆食堂に立ち寄った。多数の客がいる店＝美味しい店とは思ったが、そこでいただいた干鱈の料理は食には敏感な家内が「これは絶対に干した魚を戻した料理ではない」と断言したほどの食感であり、絶品の味であった。その味を文章で味わっていただけないのが残念である。

ポルトガルの味というと、日本ではエッグタルトやポートワインぐらいしか思い浮かばないかもしれないが、ポルトガル料理は日本人の舌に合うように思われる。考えてみれば、カステラやてんぷらなどの「日本の味」の名はもともとポルトガル語に由来したものであり、それはポルトガルからもた

写真19-1　サン・ジョルジェ城の孔雀

らされたものであったことを意味するのであろうから食に違和感がないのは当たり前なのかもしれない。

ポルトガルでは十四世紀末からアヴィス朝のもとで絶対王政が進められた。初代王の子エンリケ航海王子は船酔いがひどく航海には出なかったものの、十五世紀初頭から西大西洋の島々や西アフリカの沿岸の探検、航路発見の支援に努めた。十五世紀末にはバルトロメウ・ディアスが、南アフリカの喜望峰に到達しアフリカ南端までの道筋を切り開いた。そしてリスボンから船出したヴァスコ・ダ・ガマがインドに到達した。それは、世界が一つの経済社会を形成する発端ともなり、近代資本制社会形成の原点の一つともなった。ヨーロッパではそれまで地中海貿易こそが世界貿易ルートの中心であったが、地中海は内海となり、北海から大西洋へとつながる大洋貿易が世界貿易の中心へと移行していった。大洋でつながり船舶で直接商品を移動できる貿易網の成立は、わずかな高級品を扱う貿易から、莫大な量の香料など一般の食生活にかかわるような商品を扱う貿易へと変化したのであった。

リスボン市内の中心には古代の要塞に起源をもち、市内の眺望がすばらしく、どういうわけか城内を孔雀が歩き回るサン・ジョルジェ城や、テージョ川に面して世界遺産に登録されたベレンの塔、大航海時代の富を投じて建設され今は考古学博物館、海洋博物館となっているジェロニモス修道院、そして大航海時代に活躍した偉人三十三名を船上に表した発見のモニュメントなど観光施設も少なくない。ちなみにベレンの塔、ジェロニモス修道院は十五世紀後半から十六世紀にポルトガルで流行したゴシック建築の影響を受けた、大航海時代の栄光を体現、主張した建造物である。海外の文物や地球儀、船の錨やロープ、舵といった大航海時代の航海関係の物品などの新知識を体現、主張するようなマヌエル方式（ポルトガル王マヌエル一世にちなんで名づけられた）の傑作建築として評価されている。

夜遅くに薄暗い酒場でワインをいただきながらギターの伴奏で女性歌手によって歌われた民謡、ポルトガル語で運命とか宿命を意味するというファドのもの悲しい歌声は、情緒にあふれた独特のもので、思い出深い一夜となった。

写真19-2　ジェロニモス修道院

ポルトガルのお土産

せっかく遠くポルトガルまで来たのであるから、何か土産物をと考え土産物店を覗いてみたが、世界の生産量の五十パーセント以上といわれるコルクを使ったバルセロスの幸運の雄鶏の飾り付きの瓶の栓とか、路面電車のマグネットなど実用的なものはあったが、ポルトのワインはすでに醸造元で購入していたし、あとは目立ったものは見当たらなかった。

この時にまた頭をよぎったのは、十五章でも触れたが、昔大学の経済学の授業で習ったリカードの比較優位論であり、その中に登場したポルトガルのワインがあったことを思い出したのである。世界で最初に産業革命を成し遂げたイギリスでは、機械を導入して大量の布地など軽工業製品が生産されるようになり、加えて農業技術の改革による農作物の少人数大量生産の実現、それによる農民の経済力向上、穀物などの低廉化による労働者の余剰経済力向上など充実した国内市場を創出した。しかし、国内消費の拡大をもってしても余剰の商品を創出させるようになった。こうしたことを背景としてイギリスは保護主義から自由主義へと舵をとり、それを経済学者たちも自由主義経済の素晴らしさを説いて後押しをしたのである。すなわち、周辺の国々に対し「すぐ近くに安くてよい商品があるのに、国民には高くて粗悪な商品を買わせている」といって、自国の産業を守ろうと保護貿易、保護主義をとる国々を批判したのである。その一人がリカードで、彼は各国の工業生産事情には相違があるとしても、その国の中で優れた商品に特化した輸出を行うことで自国の利益を最大限に得られるとしたのである。その例としてポルトガルのワインがあげられていたのである。

なるほど、ポルトガルのワイン特にポルトのワインは素晴らしいものであるし、比較優位論なども持ち出さなくともお土産には適しているかもしれないが、限られた量しかもって帰れないし、今や日本国内でも容易に手に入るようになった。経済事情の厳しいポルトガルでは、観光消費額の上昇は期待したいものの一つであると思われるが、これこそがリスボン土産、ポルトガル土産というような土産物の創出など観光客の土産物消費の拡大への工夫が必要であるように感じた。

ポルトガルは敗北しなかった？

エンリケ航海王子の支援で始まった新航路の発見、未知の地への到達から始まる世界経済ではあったが、それはすぐにスペインに取って代わられる。しかし、スペインはその属領であったオランダの独立戦争の勃発で敗れ、イギリスにも海戦で敗れて世界の覇権はオランダに握られた（オランダも瞬く間にイギリスに敗れた理由は十三章「アムステルダム」を参照）。これが高校の世界史で学んできたストーリーである。しかし、北海とバルト海の間に位置しユトラント半島とスカンジナビア半島、デンマークの小島に挟まれた狭い海峡で徴収された関税帳簿を調べてみると、そこから見えるこれらの国々やその貿易の実情はもっと複雑であることに気が付いた。一見合理的に見える覇権国家の交代やそれに伴う主要貿易国の移行はそれほど単純なものではなかったのである。

実はポルトガルはスペインが台頭してきても北海・バルト海貿易では一定のシェアーを維持し、塩の生産のできないバルト海、北欧へ天日塩の供給などを行った。リスボンはブラジル植民地からもたらされる金や奴隷、さらに植民地物産の砂糖や香辛料などの集散地として繁栄を維持していた。オランダはイギリスに敗れたが、例えばバルト海の塩貿易など貿易品目によってはなお、北海、バルト海に君臨し続けていた。そのオランダに敗れた「ハンザ同盟」の領袖都市リューベックではあったが、そして「ハンザ同盟」こそ十七世紀に消滅したが、十八世紀末まで貿易や地域経済もそれほど衰えることもなく維持されていたのである。それどころかハンザ都市ハンブルクに至っては、大発展への直接的な要因は十八、十九世紀のことではあるが、現在では一七〇万人を超える大都市に成長してすらいるのである（第一章「北ドイツの大都市ハンブルク」を参照）。

世界地図を見てみると、アフリカや中南米から大西洋を隔てて最も近いのはイベリア半島の最西端に位置するポルトガルなのである。植民地物産をヨーロッパに輸送しようとする時、近代になり容易に大型貨物船で直接フランス西海岸やイギリスに植民地物産が届けられる時代となるまでは、たとえ世界的に見た時、国家としての政治的地位が低下したとしても、経由地としてのポルトガルそして大洋から内陸に切り込んだリスボンは、植民地物産をヨーロッパ各地に輸送するには重要な交易拠点であったことに変わりはなかったのではなかろうか。

おわりに

残念なことではあるが、世界史の勉強は過去に生じた出来事だけを切り取って主導した人物名や生じた年を暗記することであると考えている人は多いように思われる。数学の最初が九九の暗記であり、語学もまた単語の暗記から始まるように、事実の暗記も必要ではあろうが、本来の世界史を学ぶ意味は過去の出来事の主導者、原因、結果を合理的、論理的に解説、現代の社会への道筋を示すことにあることをもっと多くの方々に知ってほしいと思う。歴史的事件の結果は新たな社会的展開を生み、それが原因となって…という連鎖の結果が現代社会であることは事実であろう。たしかに、政治的には戦争などで勝敗があきらかになったりはするし、経済もそれに関連した動きを見せることは多い。したがって、そうした現代社会形成への道筋は合理的、論理的に説明できそうにも思える。しかし、経済的にはそれほど簡単には明確な「白黒」はつかないのである。しかもそれらを丁寧に見ていくと、もっともだと思うことも少なくない。「ただ記憶することは苦痛であろうが、論理的に考えることは楽しい」と日頃授業で言い続けてきたが、さらに「しかし現実は…」と繋げられるともっと楽しみが増すようにも思われる。

第二十章　ヨーロッパ都市に学ぶ
──繁栄する都市の条件

はじめに

都市は商工業者の居住地であり、食料生産を周辺あるいは離れた外部の地域にゆだね、食料と工業製品や地域外商品との交換をする市場としての役割も果たしている。そうした都市も商業・貿易やその構造も歴史的経過の中で相互に作用しながら変遷を続け、今日に至っている。私が専門とする都市史といえば、昔の都市のことを研究するとだけ考えられがちであるが、現在の都市や、そこに生じている諸問題をより正確に理解するために、過去に遡って現状への過程を捉えるのであり、都市の発展過程における諸問題等を調査して、都市がかかえる問題の原因を分析し、現在、未来の都市の在り方や、再開発を考えるなど、視点は現在にある。

なぜ研究対象がヨーロッパ都市なのか。よく「海外旅行をして、外国に行ってみて初めて日本の良さがわかった」といった話を耳にする。日本に住んで日本の都市を対象とした研究をしていると、いつの間にか日本都市の特殊性を意識しなくなったり、故郷のまちを他都市と比較したとき、無意識のうちに必ずしも平等でない評価をしてしまうなど大いにありがちなことであろう。公平平等に評価をしようと思うならば、少し距離をおいて見られる対象の方が適しているようにも思う。

そこで、まずヨーロッパ都市形成の過程、特徴、日本の都市との相違点などを明らかにしたうえで、発展できた都市と成長できなかった都市の相違の原因について一端を探り、都市発展の条件を考えてみたい。

都市の成立

都市の成立は、「文字」の発生より古いといわれる。都市的定住ということでいえばそうかもしれない。しかし、ヨーロッパの都市の多くは、ローマ時代など古い起源を有していても、現在の都市へと直接つながってくるのは、中世後期に成立した中世都市からである。その成立の過程は九章都市トリアで簡単に述べたが、次のようであったと考えられている。

商人は余剰があり安く購入できる地で商品を仕入れ、その商品の需要のある所へ運んで高く売るという不等価交換の商売を行っていたと考えられるが、北ヨーロッパなど冬の気候の厳しい地域ではどうしても越冬のための安全な場所が必要であった。加えて、ある程度の蓄えや財産ができ、また、妻子ができたならばなおさらのことである。しかも、商品を常に移動させているわけであるから、交通上も至便な場所が求められた。そうした条件に合う場所は、地理的条件からいえば河川の隣接地が考えられよう。中世ヨーロッパでは道路事情が良くなかったので、内陸の物資輸送はもっぱら河川を利用した船舶輸送で行われた。しかも、河川は堀の役割も果たしてくれる。さらに、川の分岐点とか中洲ならば周囲が天然の堀であり、流域の広い地域から船舶で輸送されてきた物資の荷揚げにも便利であろう。ところが、そのように条件のそろった場所を地域の権力者が見逃すわけはなく、その地を治める砦や城郭があり、しかもそこには周辺地域で布教をおこなうキリスト教の司教座と呼ばれる布教拠点も設置されていた。地域で布教活動を行うキリスト教の司祭からすれば武力の保護は心強いものであったであろうし、権力者から見れば司祭から地域の人たちへの布教活動を通じてもたらされる地域情報が外敵からの守備や地域の治安維持に役立ったのであろう。しかし、安全な場所だとしても、商人がその内部に居住することはおそらくは難しいことであろう。そこで彼ら商人は、砦や城郭の隣に住みつき、いわば権力者の保護下の「城下町」を形成したのである。居住地を砦や城郭の塀とつなぎ合わせるように新たな塀で囲うと、どこまでが砦でどこからが商人居住地か見分けがつきにくいので、外敵からは攻められにくく、事実上砦内に住んでいるようなものであった。しかも、常駐する兵士や司祭等にとっては、このように商人が隣接して居住していることは不足品の調達など何かと便利でもあり、結局、砦と商人居住区を分ける塀や堀などがあった場合には取り除かれて両者は一空間にまとまり都市の原型を作ったと考えられている。

現在ドームと呼ばれている司教座でキリスト教の祝祭日に行われるミサに参加する周辺農民達が、余剰の農産物と不足品との交換を求めて訪れるようになり、それが年数回開催される大市＝メッセの起源になったと思われるのである。しかし、周辺住民は生活上不足したものがあっても、だいぶ先の祭日の大市まで我慢しなくてはならなかったし、外来者向けの宿や居酒屋などの施設も年数回の営業ではあまりにもったいない。そこで、一方において特産物市場としての大市を残しながら、市は週に一度の週市、さらには毎日市へと発展していった。そこでは地域内で手に入らない商品や高級な商品だけでなく、農具や鍋釜のような日常生活に必要な品々が生産販売されるようになった。このようにもともとの砦、城郭や城下町が市場としての機能を持ち、その売買利益が大きくなってくると、地域の権力者としても、商人たちにあれこれ口を出すよりも、上納金と引き換えに特権を与えて自由に活動させ、さらに市場が賑わえばそれだけ実入りも大きくなるから、それを住民たちが実現できるよう自治を認め保護してやる方が得策と考えられたのであろう。中世都市の成立過程には個性があるし、諸説があることも事実ではあるが、これが中世都市成立の原点であると考えられている。

都市の建設

このような自然発生的都市と並んで、ヨーロッパでは多くの都市が建設された。古くは、ギリシャのポリス国家の住民が、国外に移住し都市を建設したことが知られている。ギリシャは山が多い地形で、土地もやせていたため、人口が増加すると、国内の近隣地域からの食料供給が間に合わなかった。そのため外部に移住せざるをえなかったのである。今日の地中海の港マルセーユ、タラント、イスタンブールなどはこの時代の植民都市の後身なのである。中世では、特に十二世紀頃からのエルベ河東部地域すなわち東欧へのいわゆる東方ドイツ植民とともに、農地開墾の拠点として、また、開墾後の地域の中心として、市場としてヨーロッパ東部地域を中心に多数の都市が建設された。例えば現代の大都市ではウィーン、ミュンヘンあるいは「ハンザ同盟」の中心都市リューベックやハンブルクがその頃建設された都市である。古代から存在する都市もその多くは、成立当時の特徴を残しながらも、中世には中世都市の特色を備えたまちへと変貌を遂げたのである。

ヨーロッパにおける都市は、自然発生的な都市の成立過程からもわかるように、地域の中心であり、物資の集散地、市場としての役割を果たし、周辺農民にとって都市は生活上、農耕上必要なものを手に入れることのできる場であり、農村は市民にとって生きていくために不可欠な食料供給地であり、両者は支配・被支配関係であるか相互依存関係であるかはともかく必要不可欠の存在であった。

このように、地域にとって必要なまちが後世へと受け継がれていくことが事実であるとしても、地域との関係が密接であればそれでまちが発展していくかというとそうともいえない。ヨーロッパの中世都市は中世末以降次第に、経済圏を設定し、強化して地域内で自己完結的な世界を形成していった。それは競争を排して自己利益を維持しようとしたものであったが、競争の排除は生産技術の改良を怠り、ただ毎年同じ品を地域内の限定された消費者を対象として、同量生産することとなり、その結果、生産者数も限定・世襲化され、優秀な人材を登用することもできなかった。結局は、時代の経過の中で、そうした優秀な技術者は非合法で自由な生産を、新技術を積極的に取り入れて行う農村工業での生産に従事し、そうして生産された優れた商品は地域を越えて販売され、都市内の生産は大打撃を受けることとなった。ほとんどの都市は、それに対し生産体制を改善して、地域を視野におさめつつ、地域を越えた経済活動を目指していったのである。換言すれば、地域の中心として地域だけを対象とした経済活動に終始した都市は最終的に停滞せざるをえなかったのである。

発展する都市

ヨーロッパの都市の場合にも、例えばハンブルクが大都市に成長したのは、主に東はロシア地域から西はフランドル、イギリス、イベリア半島などに至る東西を移動する商品の中継貿易に加え、エルベ河という大河川の河口近くに位置し、北海とエルベ河奥地の膨大な後背地との中継地として有利な条件を有していたことがあげられる。しかし、それだけでなく、むしろ当時生水を飲めない北ヨーロッパでは生活上欠くことのできないビール、しかも良質のビールを市内で大量に生産して外地で販売したことと関係があるのではという説を一章の都市ハンブルクで述べた。すなわち、当時どの都市でも自由に生産され、ビールの品質も醸造所やそれぞれの醸造時によって異なり、需要に対応した生産量というわけでもなかった。これに対しハンブルクでは、十五世紀にビール生産を一定の設備の醸造所だけに限定し、品質を維持・均質化し、他方で需要に対応した生産調整によって無駄を減らして、安価で質の良いビールを生産するようになった。それは他都市産ビールとの競争に勝利し、同時に、そうした自都市産輸出品は帰り荷として外地での商品の輸入を行うなど、貿易を活発にさせ、経済力を増強したのである。ビールを外地で売ろうとすれば、外地を知る必要があり、必然的に外部に目が向けられるであろうし、外地からの訪問者にもやさしく、親切でなければならなかったであろう。

貿易の中継地は、商業ルートの変化や貿易自体を行う商人の意向、航海技術の向上などにより容易に変化した。事実十五世紀になると、オランダやイギリスの商人たちは、船舶の大型化により、寄港地の減少をはかるとともに、ユトランド半島を迂回する貿易ルートにより、バルト海地域と大量の商品取引を行うようになった。このルートには航海上の難所があったが、半島の付け根にあるバルト海側の港リューベックと北海側の港ハンブルクとの間の河川、運河輸送用船舶に荷の積み替えをする必要もなく、これにより、時間的節約もできたし、積み替えの費用や都市への通行税あるいは関税を支払わずに済んだのである。すなわち、物資の通過点に過ぎなかったリューベックではこうした理由から寄港する船舶が減少し、経済的停滞へと繋がったのに対し、ハンブルクは市内の特産物へと特化した商品ビールとともに、広範な地域と密接な貿易関係を結んで経済活動を展開し、以後も発展を維持できたのである。十八世紀にビール醸造業は衰退していくが、それまでに築かれてきた流通網を生かしてハンブルクはワインや植民地物産の集散地として発展していったのである。

ヨーロッパ都市と日本の都市

ヨーロッパでは都市の市壁の中は安全に商品の交換できる空間であり、自らの生活空間でもある。それを侵害しようとする者には、市民は武器をもって命がけで戦い、市民自治を守った。市壁のなくなった近代になっても市民は、都心部では庭付き一戸建てに住む事は許されず、集合住宅でがまんしなければならなかった。その代わり公共の公園が作られた。週末には緑豊かな郊外のセカンドハウスで過ごすという生活も、週の大半を建造物の密集した集合住宅で過ごす生活との表裏一体の関係にあるのである。一戸建てに住みたければ郊外に求め、多少の不便を覚悟しなければならない。ヨーロッパの市民は、祖先が命がけで守ってきた自由で安全な空間の中で、便利さを享受できるかわりに、集合住宅での生活で我慢するという義務を果たすことで都市を維持してきたとも考えられるのである。そこには、それぞれ個性を維持してきた都市に対する愛着や故郷のまちを愛する心が必然的に育っていったと思われる。他方で、近年では欧米各大都市の中心市街地から購買力の大きな裕福な市民が郊外の一戸建て住宅へ大量に流出する空洞化が深刻になっているのも事実である。

少し前まで日本では、大学や県庁などの役所、公共の施設を中心部から移転して市街地の平面的拡大による都市の「発展」を目指してきたが、現在インフラ整備や公共サービス、高齢者の生活支援などの観点からコンパクトシティが注目されている。しかし、都市部で仕事に従事する富裕な市民が、都心近くの便利な庭付一戸建て住宅に居住し、セカンドハウスをもつことは少なくない。しかも住環境において公園の重要性も強調される。だが、都心近郊は地価が高く、不動産物件も高価であるから、普通のサラリーマンが一戸建ての住宅を購入しようとすれば、必然的により遠方の郊外に造成された住宅地が求められ、都市は平面的に拡大し、コンパクトシティ構想とは逆の方向に進んでしまう。郊外の開発が進み、道路事情が改善され、さらに大型ショッピングセンターができたりロードサイド店が充実してきたら都心部の求心性は減少していくであろう。車での郊外から都心への移動が便利になっても、それによって中心商店街への来街者は増加するどころか、中心部から郊外の大型店への買い物客の流出を助長する結果になっているのである。

おわりに

ヨーロッパにおいても日本においても、発展したまちは、やはり、地域にとって大切な、必要な都市、しかも地域だけでなく外部にも目を向け、外来者にもやさしい都市といえそうである。近代に至っては社会環境の変化に対応して外部社会との強いネットワークを構築した都市は発展し、そうでないまちは停滞したり、消え去ったりしたといえそうである。しかし、昨今のわが国の地方都市の中には、そうした配慮からか中心部の便利さ使い勝手のよさという「改良」に目を奪われ、いつの間にかその都市の個性を犠牲にする結果をまねいているような例は少なくないように思われる。また、東京など大都会とのアクセスには熱心であっても、住宅が広域に広がっていくにもかかわらず、地域内の交通体系への配慮が不足し、整備が不十分となっている都市は少なくない。外来者は個性のない都市には興味を示さず、しかも地域内移動が不便ならばその地域内での行動を敬遠し、地域住民も公共交通体系の欠陥ゆえに自家用車に移動手段をたより、その結果公共交通はますます衰退するという悪循環に陥っているケースも多いように思われる。

いつも地域のお得意様を念頭に置いた商売をしていたはずの中心商店街の商店が、いつの間にか地域の住民だけを相手にする、「同じような品を同じくらいの数量生産、販売する」商売になってしまってはいないであろうか。それはそれまでの販売実績から割り出された、いわばマーケティングの成果であるかもしれないが、例えば菓子店なら「わが店自慢の一品をもっと広く知ってほしい、もっと多くの人に味わってほしい」という意識とそれを実現しようという行動力が重要であろう。常に新たな魅力を加味した、市民だけでなく外部にも目を向けた挑戦を続ける、努力する商店、商店街なら多くの支持を受けるであろうが、消費者目線を忘れた、個性のない、魅力のない、しかも駐車場が不十分な商店街へ買い物には出かけようとは思わなくなるのではなかろうか。

しかし、新たな挑戦や改善には現状分析が欠かせない。過去から現代に至るデータの分析を通して現状をしっかりと掌握し、問題点を修正しリニューアルして魅力度を向上させる努力こそが、新規顧客を開拓しリピーターを増加させる原点であることを忘れてはならないであろう。

あとがき

二十年前とか三十数年前とかずいぶんと昔の話を書いてきた。本書に書いた出来事などはすべて実際に経験したことでフィクションではないが、もしかすると記憶違い、思い違いもあるかもしれない。そして、現在ではあまりにも状況が変わってしまったことも多々あるに違いない。しかし、当時から現在に至るまで継続して疑問に思い続けてきたことや、あまりに強い感動で今なおそれを鮮明に思い出せることを書いてきたつもりである。

日本ハンザ史研究会をはじめ、学会、研究会で親しく話をさせていただいた多くの研究者の皆様からは、ヨーロッパで経験した出来事の意味を理解するヒントや解答をいただいた。なかなか長期間ヨーロッパに滞在することが難しかった筆者にとって、長期の滞在、留学を経験していらっしゃる方々からの謎解きの答えは、まさに「目から鱗」のことが多かったように思う。特に個別にお名前を記さないが、筆者の素朴な疑問等に応え、楽しい会話を交え付き合って下さった皆様にも心よりの感謝を申し上げたい。

もともと、筆者の専門は西洋経済史であり、十四、十五世紀の北ドイツの都市の比較研究をしてきた。このように古い時期を研究対象としてきた筆者が、日本の現状を強く意識しながら、今のドイツやヨーロッパに興味を広げることになったのは、中央大学商学部という現在的で実践的な大学、学部に奉職させていただいたことが大きく影響しているように思う。また、中央大学の先生方からは、『中央評論』の掲載文について感想を聞かせていただいたり、励ましていただいたりした。専門の異なる大変にお忙しい先生方にこのような雑文を読んでいただくのは恐縮に思ったが、読後の感想など率直な一言が確実に筆者に元気を与え、書き続ける力になった。心よりの感謝を申し上げたい。そうした声がなければおそらくは本書はなかったであろう。

本書がこのように刊行に至ったのには、多くの方々のご支援があったからである。まず、投稿された拙い原稿の『中央評論』アラカルトへの掲載を許して下さった中央大学出版部に感謝したい。とりわけ、筆者の勝手な思いをいつもにこやかに支持してくださり、昔訪れた都市の場合ネガすらない古い写真を持ち込まれても快く掲載を許して下さった『中央評論』元編集部の柴崎郁子さん、さらに柴崎さんの後任として細かなところにまで様々な目配りをし指摘をして下さった中沢希実子さん、ならびに、こうした企画にない飛び込み原稿を快く受け入れてくださった編集部および編集担当の先生方に御礼申し上げたい。専門書や専門論文を中心に書いてきた者にとって、専門の一般公開の意義について認識し、それを実現するために書いたつもりではあったが、専門外に踏み込む場合には常に内容に自信がなく、原稿を持ち込むたびに「ひやひやびくびく」ものであったのは事実である。そうした状況下では、出版部での励ましは本書作成に至る大きな力になった。なお、掲載の写真はほとんど筆者が写したものだが、執筆時に適当な写真が見つからず、パリについては当時パリ在住の橋本能名誉教授に提供していただいたものであり、その他一部にも友人等から提供していただいた写真が含まれる。ご協力いただいた方々に感謝申し上げたい。そして何よりも本書がこのように出版できたのは学文社の田中千津子社長の大英断によるものであった。前著出版の際同様今回もまた筆者の本書への思いを汲みとって下さり、厳しい出版状況の中で決断をして下さった。そして学文社編集部の皆様も誠意をもって本書を作成して下さった。ただただ感謝申し上げるしかない。また、すてきな装幀に仕上げてくれた娘の中学高校時代の友人山辺りさき氏にも感謝申し上げたい。

ある程度専門知識をもった専門家が読むことを想定した研究論文や研究書では、なによりも正確に書くことが優先されてきたように思う。一般書といえども正確に書くことは大切であるが、前提となる専門的知識などがないとわかりにくいことについては、多少正確性を欠いてでもわかりやすく書くことも必要ではなかろうか。本書ではそんな思いから、理解しやすい内容となることを心掛け、どなたにでも、どこからでも読んでいただけるようなものにするつもりであった。しかし結局は雑なものになってしまったという反省は本書においても前書と同様である。もちろんその責任は筆者にある。しかし、まずは気楽に読み始め、興味が湧いたらもう少し専門的な書へという道筋も「有り」ではなかろうか。

初出誌は以下のとおりであるが、表題を含め、最小限の修正加筆等が行われている。ただし、各章の独立性を保つため重複する部分も出来るだけ削除を控えた。「イギリス中部の都市リヴァプール」以下四章はこの本が初出である。また、参考文献は間接的に参考にさせていただいたものを含めれば枚挙にいとまがないが、実際に体験した内容が多いため逆に直接参考にした文献は多くはない。本書では『中央評論』に書かせていただいた文献に限らせていただいた。

最後に私事ながらこれまで筆者の研究活動の後方支援を変わることなく続けてくれた家族に感謝したい。

二〇一八年春

斯波　照雄

初出誌

「ヨーロッパ都市に学ぶ」『中央評論』二八二号、二〇一三年一月
「都市ハンブルクに学ぶ」『中央評論』二八六号、二〇一四年一月
「ハンザ都市リューベックに学ぶ」『中央評論』二八八号、二〇一四年七月
「危機に瀕したハンザ都市に学ぶ」『中央評論』二八九号、二〇一四年十一月
「フランスの地方都市に学ぶ」『中央評論』二九〇号、二〇一五年一月
「ドイツの軍港都市キールに学ぶ」『中央評論』二九一号、二〇一五年五月
「旧東ドイツ都市に学ぶ」『中央評論』二九二号、二〇一五年七月
「ドイツ西部の都市トリアに学ぶ」『中央評論』二九三号、二〇一五年十一月
「ドイツ中部の都市フランクフルトに学ぶ」『中央評論』二九四号、二〇一六年一月
「南ドイツの都市ミュンヘンに学ぶ」『中央評論』二九五号、二〇一六年五月
「北ドイツの小都市メルンに学ぶ」『中央評論』二九六号、二〇一六年八月
「オランダの首都アムステルダムで考える」『中央評論』二九七号、二〇一六年十二月
「ノルウェーの古都ベルゲンに学ぶ」『中央評論』二九八号、二〇一七年二月
「花の都パリに学ぶ」『中央評論』二九九号、二〇一七年五月
「イタリアの都市フィレンツェに学ぶ」『中央評論』三〇〇号、二〇一七年九月
「スイス都市チューリッヒに学ぶ」『中央評論』三〇一号、二〇一七年十一月
「イギリス中部の都市リヴァプール」書き下ろし
「スコットランドの古都エディンバラ」書き下ろし
「ポーランドの古都グダンスク」書き下ろし
「ポルトガルの首都リスボン」書き下ろし

参考文献

石井美樹子『中世の食卓から』筑摩書房、一九九一年
石坂昭雄・船山榮一・宮野啓二・諸田實『新版　西洋経済史』有斐閣双書、一九七六年
石坂昭雄・壽永欣三郎・諸田實・山下幸夫『商業史』有斐閣双書、一九八〇年
小倉欣一・大澤武男『都市フランクフルトの歴史　カール大帝から一二〇〇年』中公新書、一九九四年
科野孝蔵『オランダ東インド会社の歴史』同文舘、一九八八年
竹安栄子・井上守正・吉田和利・春日雅司「スコットランドにおけるツーリズムの現状—ウィスキー醸造所を中心に—」『現代社会研究科論集』（京都女子大学大学院）第一〇号、二〇一六年
谷澤毅『佐世保とキール　海軍の記憶』塙書房（塙選書一一五）、二〇一三年
ハンブルク市観光局『ハンブルクプランニングガイド』
阿部謹也訳『ティル・オイゲンシュピーゲルの愉快ないたずら』岩波文庫、一九九〇年
藤代幸一訳『ティル・オイレンシュピーゲルの愉快ないたずら』法政大学出版局、一九七九年
N.J.G.パウンズ著、桜井健吾訳『近代ヨーロッパの人口と都市—歴史地理学的概観—』晃洋書房、一九八一年
斯波照雄『西洋の都市と日本の都市　どこが違うのか—比較都市史入門—』学文社、二〇一五年
同「ハンザ都市の商業構造—北海・バルト海における塩とビール」玉木俊明・斯波照雄編『北海・バルト海の商業世界』悠書館、二〇一五年

<著者略歴>

斯波　照雄（しば　てるお）

1949年生
1975年　金沢大学大学院文学研究科修了
　　　　慶應義塾大学大学院経済学研究科を経て
1997年　中央大学商学部助教授
現　在　中央大学商学部教授，武蔵野大学経済学部客員教授

主要編著書
『中世ハンザ都市の研究―ドイツ中世都市の社会経済構造と商業―』勁草書房，1997年
『商業と市場・都市の歴史的変遷と現状』中央大学企業研究所研究叢書　29，中央大学出版部，2010年
『ハンザ都市とは何か―中近世北ドイツ都市に関する一考察―』中央大学出版部，2010年
『西洋の都市と日本の都市　どこが違うのか―比較都市史入門』学文社，2015年
『北海・バルト海の商業世界』悠書館，2015年

西洋都市社会史——ドイツ・ヨーロッパ温故知新の旅

2018年1月30日　第一版第一刷発行

著　者　斯波照雄
発行所　株式会社　学文社
発行者　田中千津子

〒153-0064　東京都目黒区下目黒3-6-1
電話(03)3715-1501（代表）　振替　00130-9-98842
http://www.gakubunsha.com

落丁，乱丁本は，本社にてお取り替えします。　印刷／東光整版印刷㈱
定価は，売上カード，カバーに表示してあります。　〈検印省略〉

ISBN 978-4-7620-2760-4